NOUVEAUX PROGRAMMES 2016

POUR COMPRENDRE LES MATHÉMATIQUES

CE2
Cycle 2

Cahier d'activités
de géométrie et de mesure

N. Bramand
Professeur des écoles

P. Bramand
Professeur agrégé

É. Lafont
Professeur des écoles

C. Maurin
Formateur en mathématiques

D. Peynichou
Maître formateur

A. Vargas
Directeur d'école

hachette
ÉDUCATION

Avant-propos

Loin de se réduire aux activités numériques, les mathématiques impliquent aussi l'éducation « de l'œil et de la main ». Ce cahier d'activités géométriques vise à soutenir et à renforcer cette dernière en proposant **29 fiches d'activités** qui correspondent aux apprentissages des **notions géométriques fondamentales**. Il fournit des supports matériels qui permettent la **mise en œuvre immédiate des activités sans décalque ni reproduction préalable**. Les pages cartonnées fournissent le matériel nécessaire complémentaire aux tracés et constructions qui figurent sur les fiches. Les compétences travaillées dans chaque fiche sont indiquées en haut de page.

• Les fiches sont conçues de façon générale pour l'**entraînement** et l'**approfondissement des connaissances** acquises lors des activités collectives de la classe.

• Leur structure facilite **le travail autonome**. L'élève prépare le matériel indiqué dans le cartouche qui figure en haut à droite de la fiche. Il lit les consignes qui définissent le travail à effectuer et se reporte, en cas de besoin, au cartouche « Observe » qui remet en mémoire les notions utilisées et induit les techniques à mettre en œuvre. L'élève peut alors se mettre au travail sans l'aide de l'enseignant.

Les auteurs

Création de la maquette de couverture : Pierre PATRAULT
Exécution de la maquette de couverture : Médiamax
Illustration de la couverture : Alain BOYER
Création de la maquette intérieure : Médiamax
Mise en pages : Médiamax
Dessins techniques : Gilles POING
Fabrication : Marc CHALMIN
Édition : Thierry AMOUZOU

ISBN : 978-2-01-394179-2

Sommaire

Matériel à découper

1 Tracer un segment

Compétence : Tracer des segments.

MATÉRIEL

Un crayon gris
Une gomme
Une règle
Des crayons de couleur

Date ....

Observe

Tracer un segment.

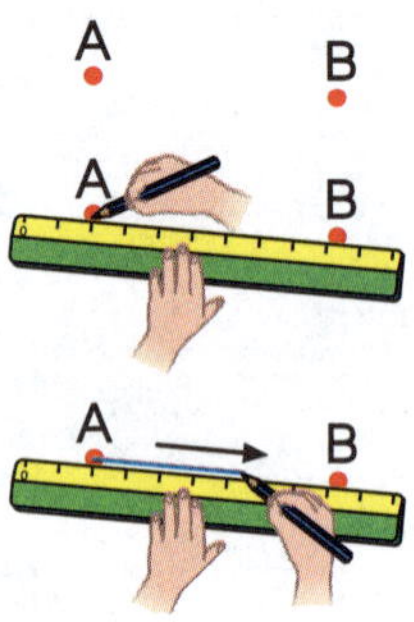

1 **Joins** les points pour obtenir ce dessin.
Colorie-le à ton goût.

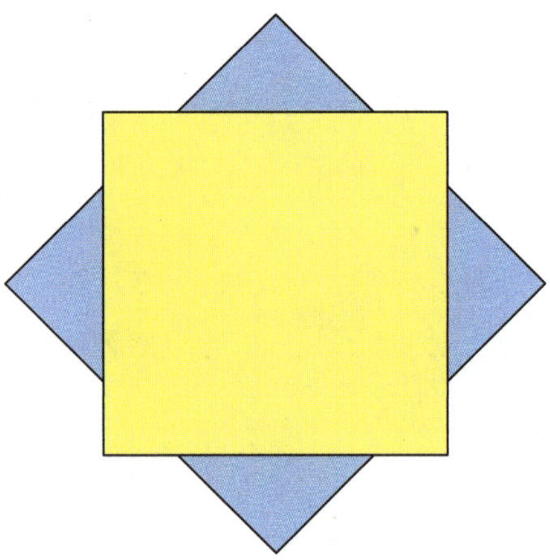

2 **Joins** à la règle les points rouges pour obtenir ce dessin.
Colorie-le.

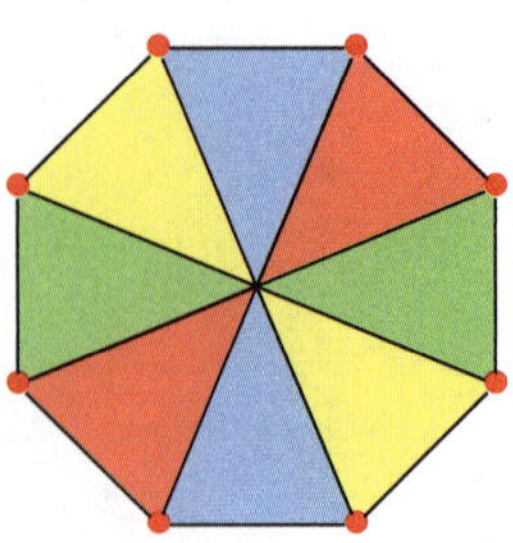

2 Prolonger un segment (1)

Compétence : Prolonger un segment.

MATÉRIEL
Un crayon gris
Un crayon bleu
Une gomme
Une règle

Date ....

Observe

Prolonger un segment.

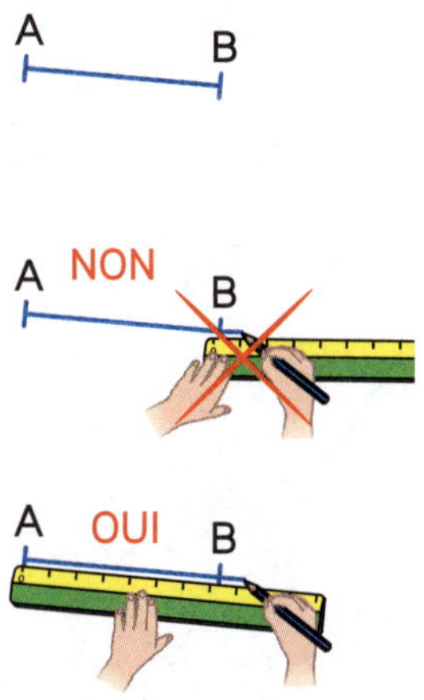

1 **Prolonge** chaque rayon laser jusqu'à son point d'impact sur la cible.

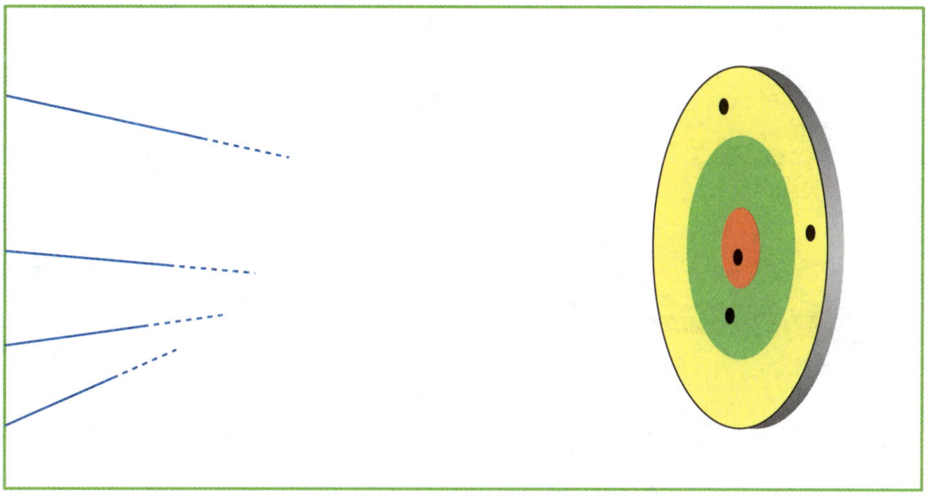

2 **Prolonge** les rayons du soleil jusqu'au bord du cadre.

3 Prolonger un segment (2)

Compétence : Prolonger un segment.

MATÉRIEL
Un crayon gris
Une gomme
Une règle
Des crayons de couleur

Date ....

Observe

Prolonger deux segments pour placer un point d'intersection.

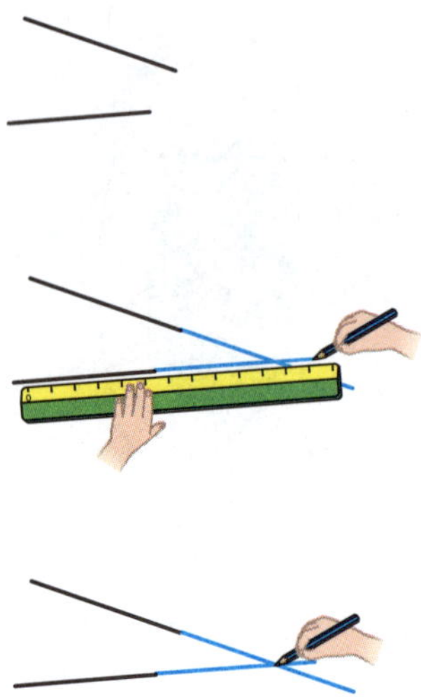

1 **Prolonge** ces segments pour obtenir un triangle.

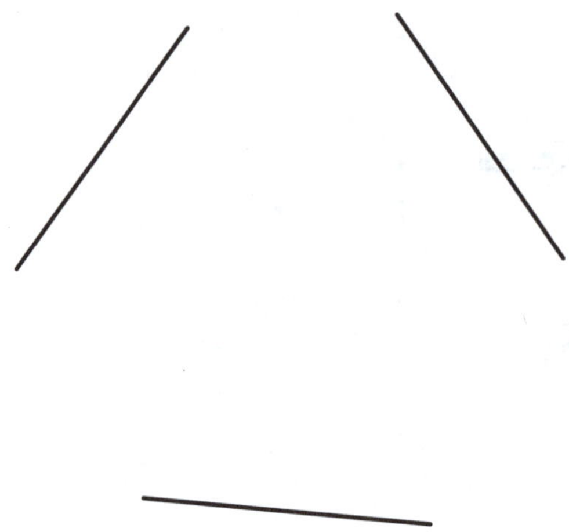

2 **Reproduis** l'étoile en prolongeant les côtés du **pentagone vert**.
Joins les sommets de l'étoile.

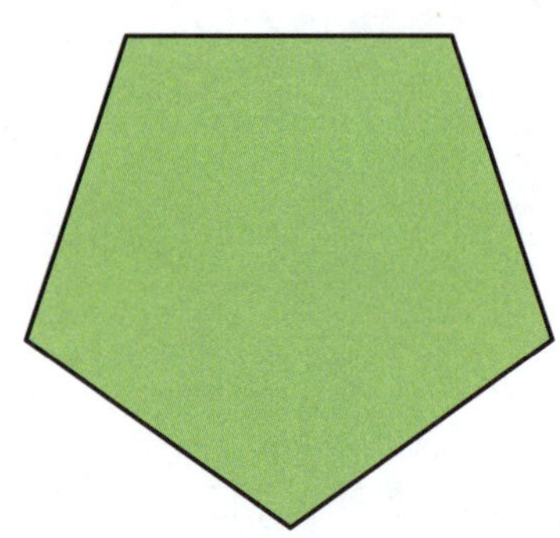

4 Trouver le milieu d'un segment (1)

Compétence : Utiliser une bande de papier pour trouver le milieu d'un segment.

MATÉRIEL
- Un crayon gris
- Une gomme
- Une règle
- Un crayon vert
- Une bande de papier

Date ....

Observe

Marquer le milieu d'un segment à l'aide d'une bande de papier.

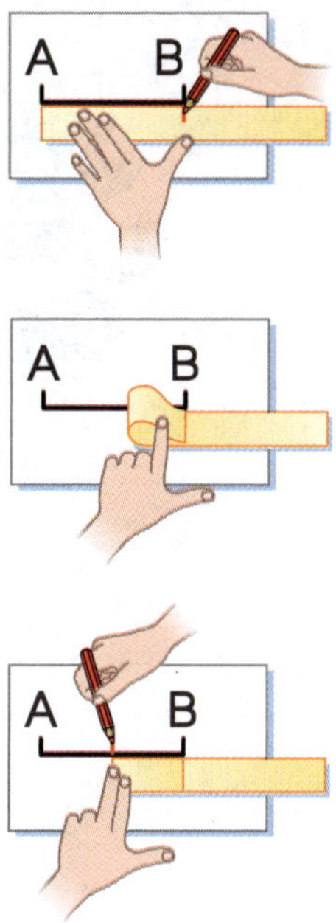

1 **Colorie** en **vert** le milieu de chaque segment.

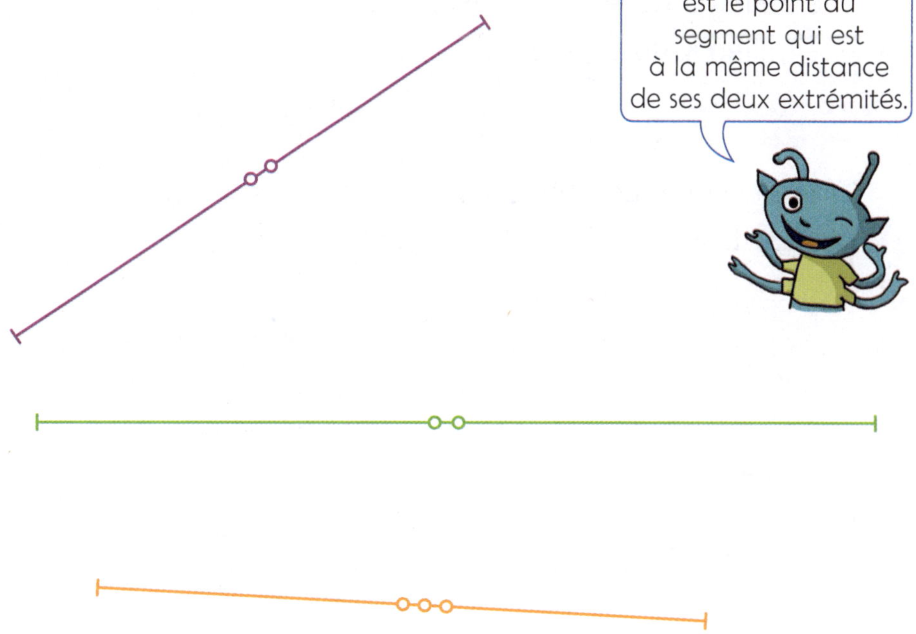

Le milieu d'un segment est le point du segment qui est à la même distance de ses deux extrémités.

2 **Marque** le milieu de chaque segment d'un petit trait avec ton crayon gris.

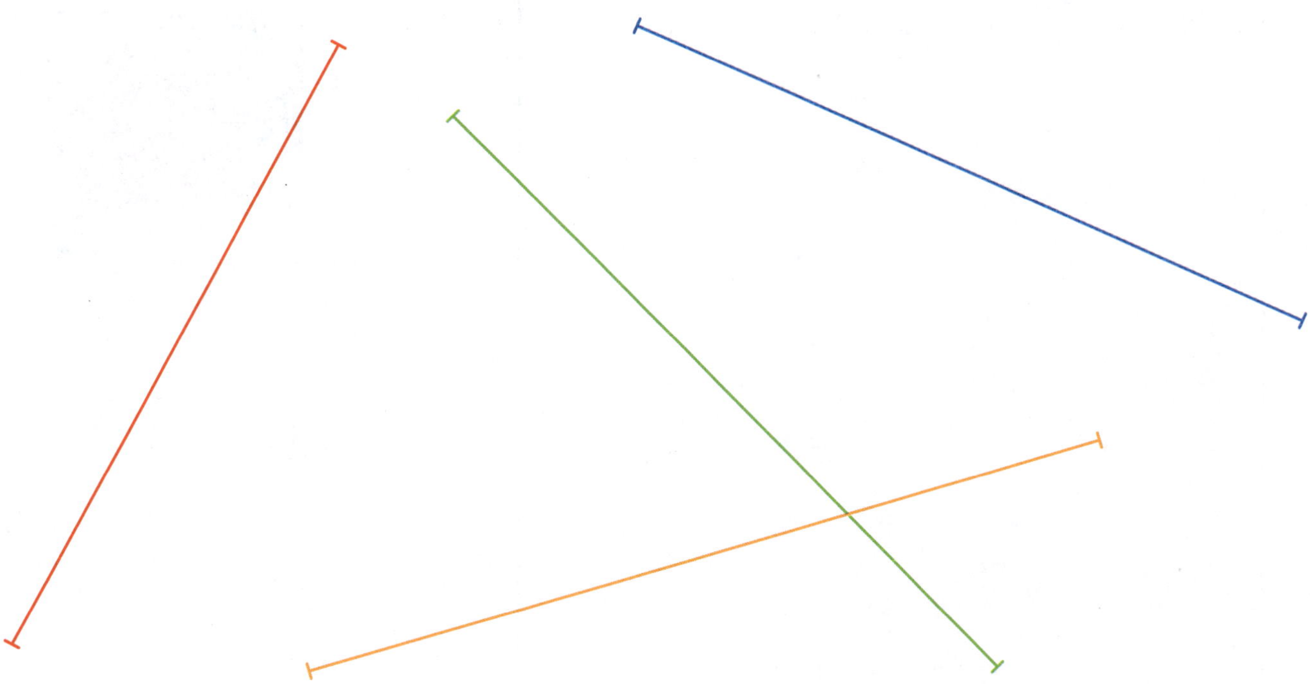

5 Trouver le milieu d'un segment (2)

Compétences : Trouver le milieu d'un segment. Tracer des segments.

MATÉRIEL
Un crayon gris
Une gomme
Une règle
Une bande de papier
Des crayons de couleur

Date ....

1 Trace :
– le milieu I du segment AB ;
– le milieu J du segment BC ;
– le milieu K du segment AC.

Trace ensuite les segments CI, AJ et BK.

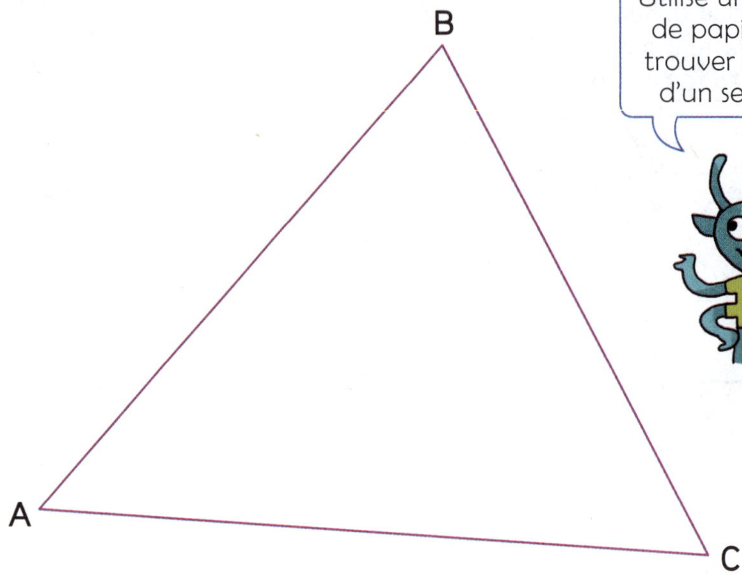

Que constates-tu ?

....

2 Reproduis cette figure. **Utilise** les milieux des côtés.
Le grand carré est déjà tracé.

6 Reproduire une figure sur quadrillage

Compétence : Reproduire une figure sur quadrillage.

MATÉRIEL

Un crayon gris
Une gomme
Une règle

Date ....

Observe

Avant de tracer un segment, repère ses extrémités.
Pour passer de l'une à l'autre, compte les carreaux horizontalement et verticalement comme le montrent les flèches.
Trace ensuite le segment.

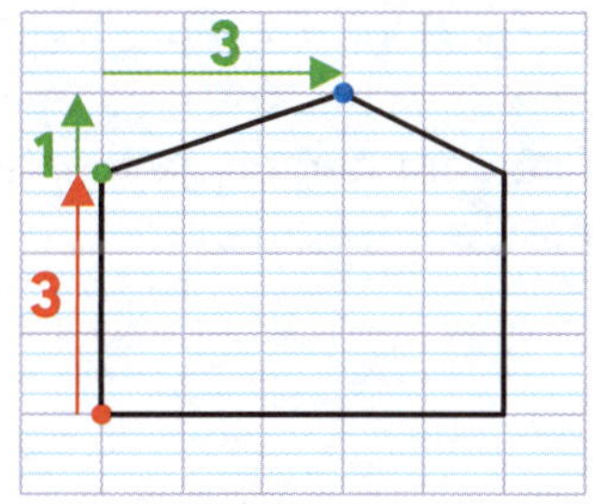

1 **Reproduis** cette figure.

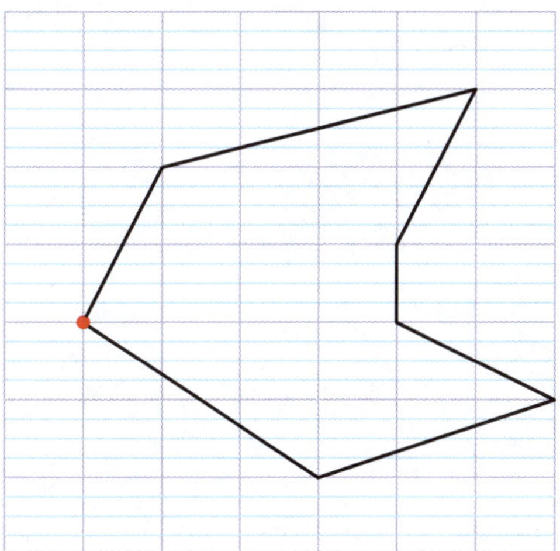

2 **Reproduis** cette figure.

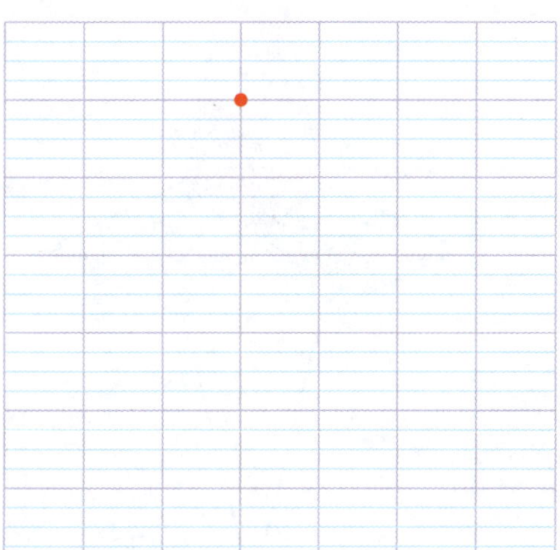

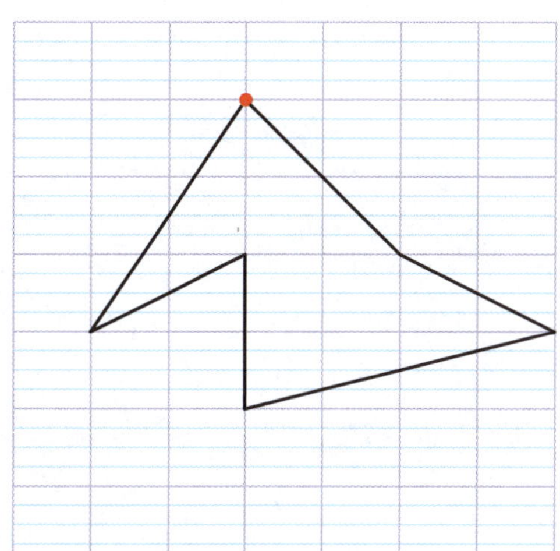

7 Reproduire une figure sur papier pointé

Compétence : Reproduire une figure sur papier pointé.

MATÉRIEL
Un crayon gris
Une gomme
Une règle
Des crayons de couleur

Date ....

Observe

Avant de tracer un segment, repère ses extrémités.
Compte les espaces entre ces points horizontalement et verticalement comme le montrent les flèches.
Trace ensuite le segment.

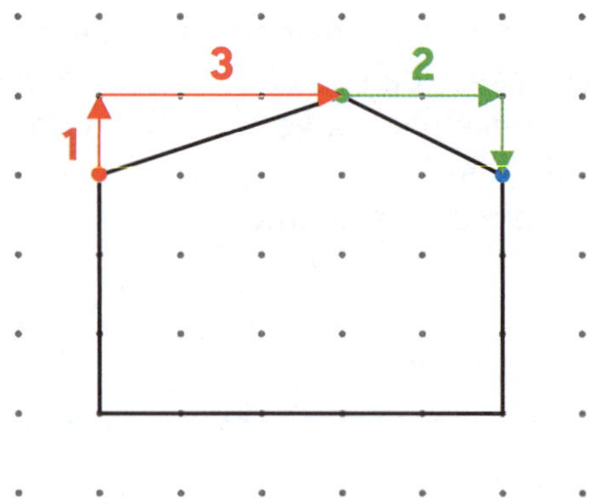

1 **Reproduis** cette figure et **colorie**-la à ton goût.

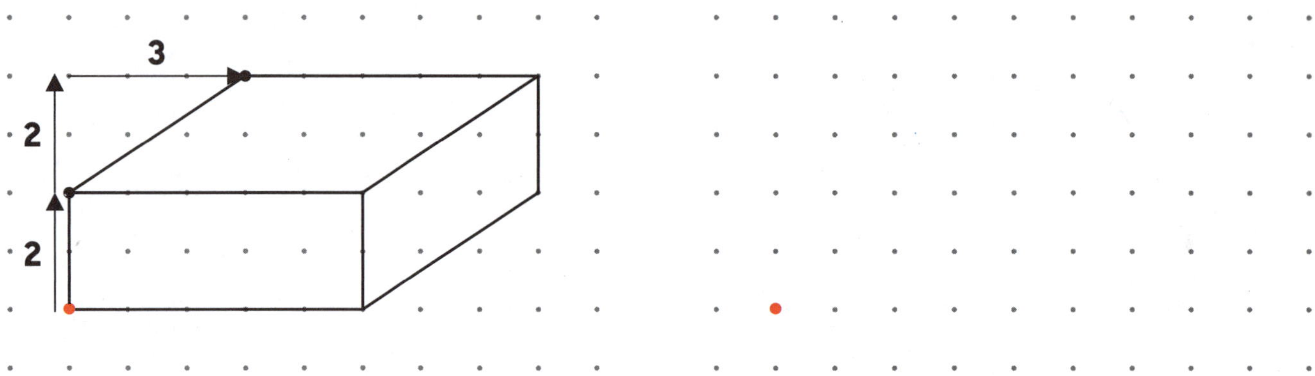

2 **Reproduis** cette figure.

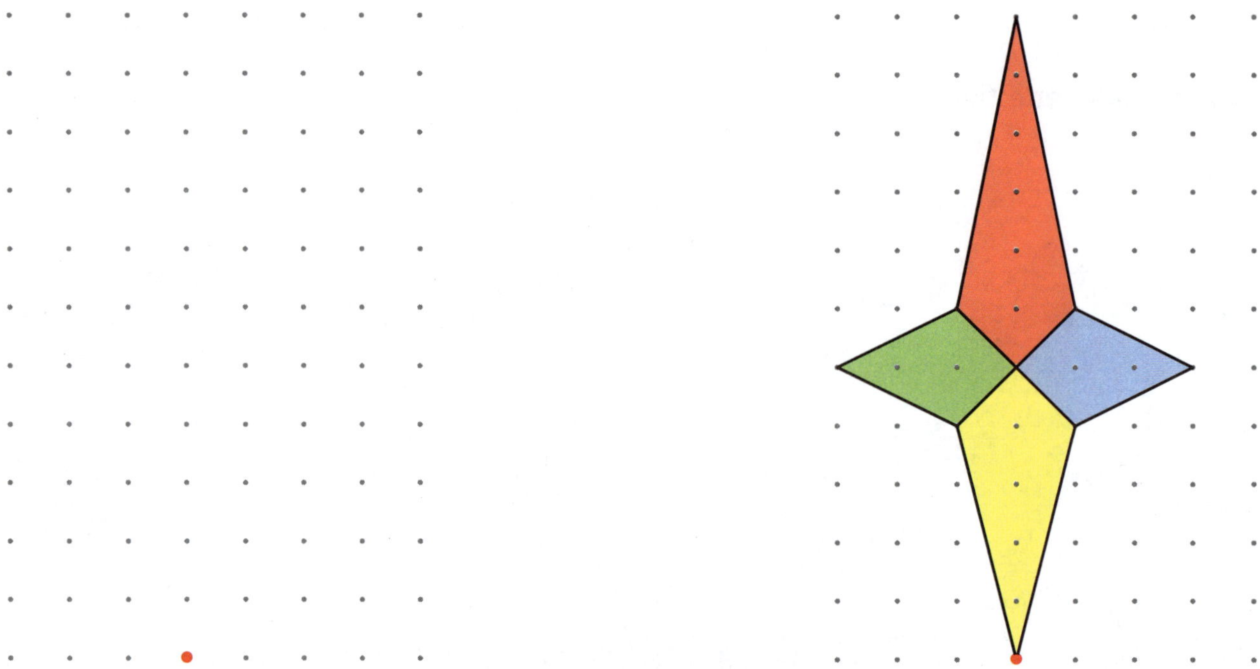

8 Identifier et tracer les axes de symétrie d'une figure

Compétence : Reconnaître qu'une figure possède un ou plusieurs axes de symétrie, par pliage ou par retournement.

MATÉRIEL
Un crayon gris
Un crayon rouge
Des ciseaux
Une règle

Date ....

Observe

Si par pliage, les deux moitiés d'une figure se superposent exactement, la figure admet un **axe de symétrie**.
Le pli est l'axe de symétrie.

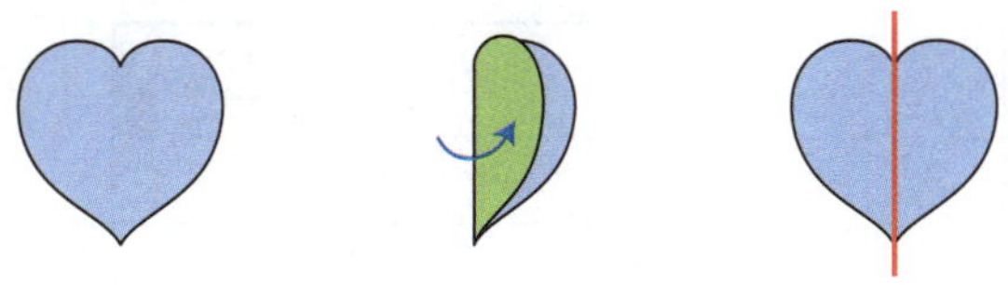

Quand, par retournement, une figure se superpose exactement à elle-même, alors la figure admet un ou plusieurs **axes de symétrie**.

1 **Découpe** les gabarits des figures A, B et C, **page matériel A**.

Cherche par pliage les axes de symétrie, puis **complète** par OUI ou par NON la première ligne du tableau.

Place chaque gabarit sur sa figure. Puis **retourne**-le.

Complète par OUI ou par NON la deuxième ligne du tableau.

Ces résultats sont-ils identiques ? ☐ oui ☐ non

Figure	A	B	C
Le gabarit possède un ou plusieurs axes de symétrie.	....	....	....
Le gabarit retourné se superpose à la figure.	....	....	....

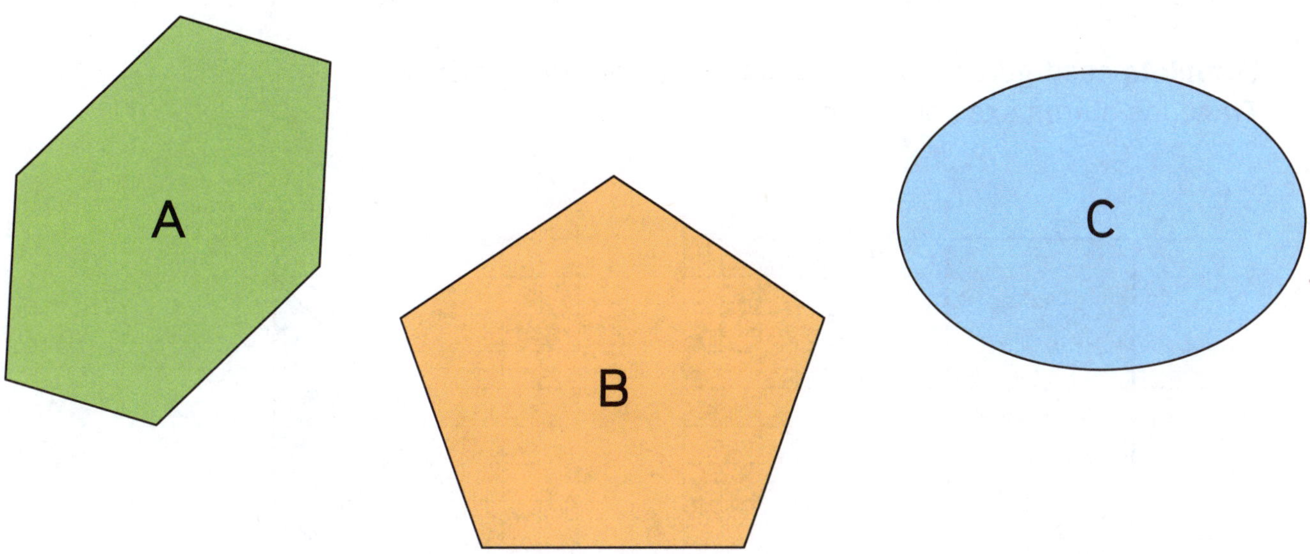

Quelle figure ne possède aucun axe de symétrie ? ....

Aide-toi de tes gabarits pour **tracer** en **rouge** le ou les axes de symétrie sur les autres figures ci-dessus.

9 Identifier et tracer les axes de symétrie d'un rectangle, d'un carré

MATÉRIEL

Un crayon gris
Une règle
Des crayons de couleur

Compétences : Reconnaître et tracer les axes de symétrie d'un rectangle ou d'un carré.
Compléter une figure par symétrie.

Date ....

Observe

Quand on superpose exactement les deux moitiés d'un rectangle par pliage, le pli est un axe de symétrie du rectangle.

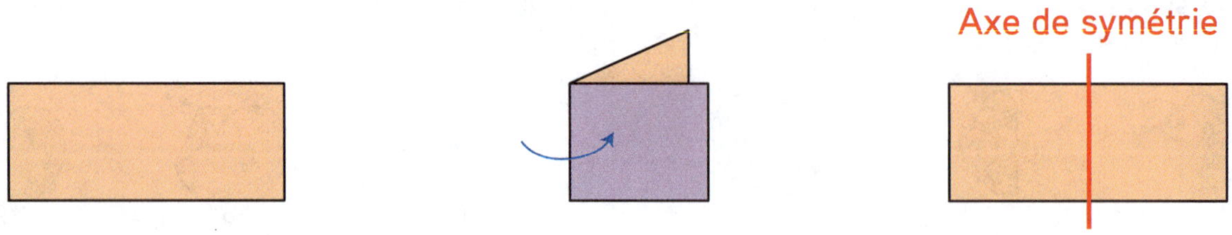

1 **Découpe** ces figures, **page matériel A.**
Cherche par pliage leurs axes de symétrie.
Trace ces axes en **rouge**.

2 **Complète** ces figures : le trait **rouge** est un axe de symétrie.
Trace les autres axes de symétrie.

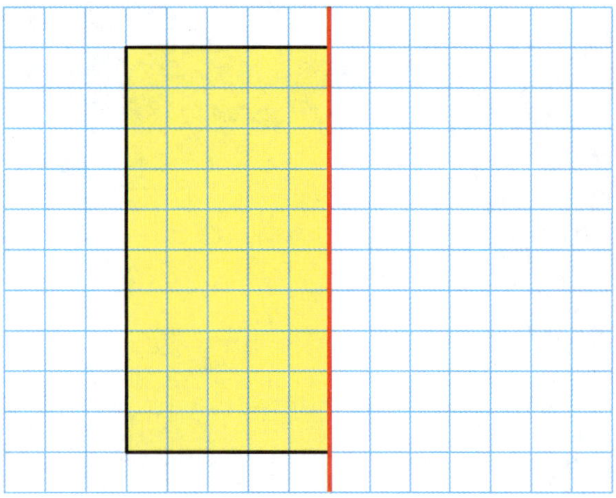

Cette figure est un ....

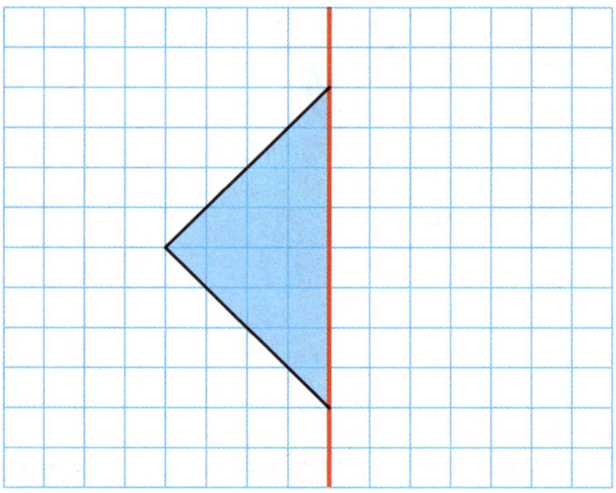

Cette figure est un ....

10 Reconnaître un angle droit

Compétence : Vérifier qu'un angle est droit en utilisant l'équerre.

MATÉRIEL

Un crayon gris
Une équerre
Un crayon rouge

Date ....

Observe

Pour vérifier qu'un angle est droit, j'utilise une équerre.

C'est un angle droit.

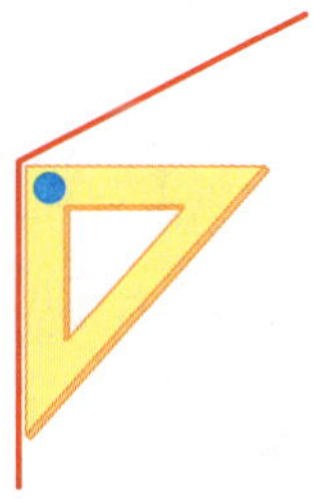

Ce n'est pas un angle droit.

1 **Dessine** un petit carré **rouge** au sommet de chaque angle droit.

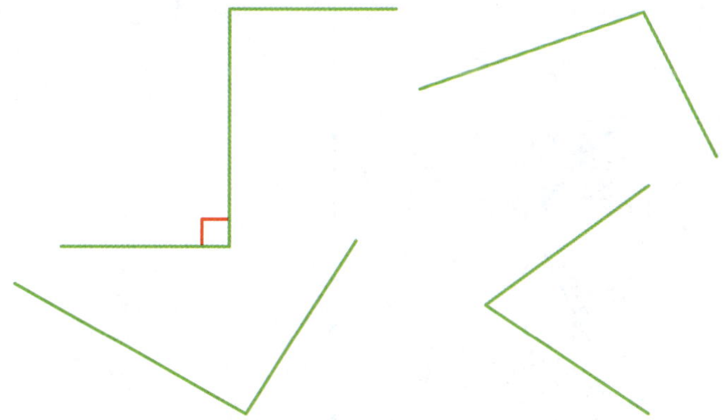

2 **Dessine** un petit carré **rouge** au sommet de chaque angle droit de ces figures.

3 Dans ce dessin, **trouve** les angles droits. **Marque**-les d'un petit carré **rouge**.

11 Tracer un angle droit

Compétence : Tracer un angle droit.

MATÉRIEL
- Un crayon gris
- Une gomme
- Une règle
- Une équerre
- Un crayon bleu

Date ....

Observe

On utilise une équerre pour tracer un angle droit.

1 Le sommet et un côté de ces angles droits sont déjà tracés. **Trace** leur deuxième côté.

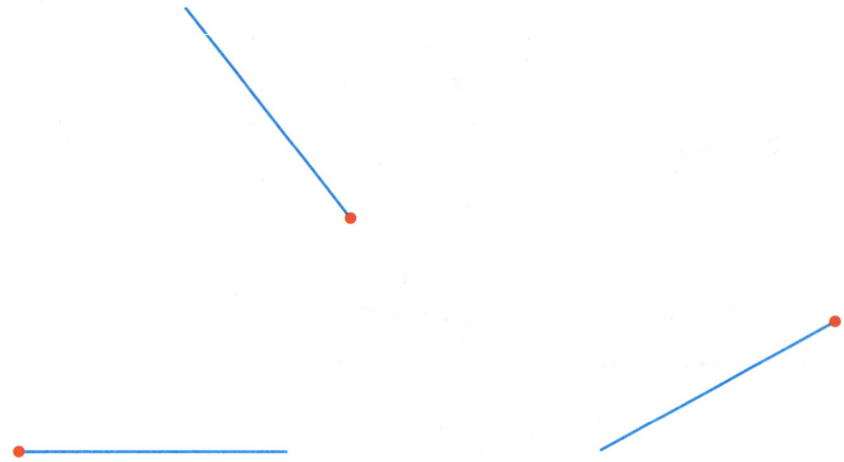

2 **Trace** les barreaux de l'échelle. Chaque barreau doit former un angle droit avec le montant de l'échelle.

3 **Reproduis** le dessin ci-dessous en traçant le deuxième côté des angles droits **bleu** et **vert**.

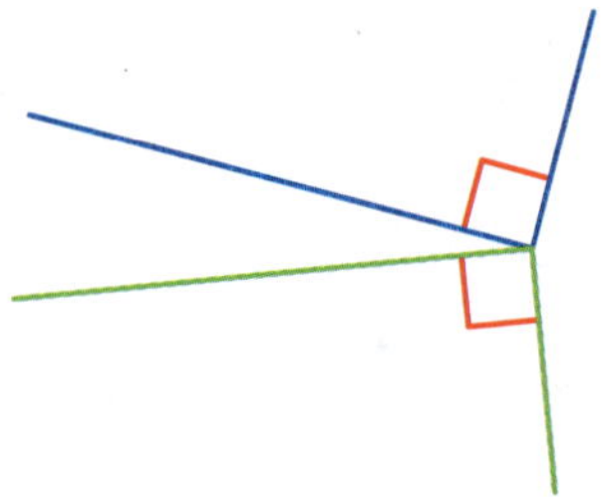

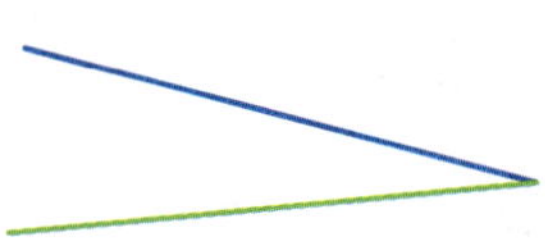

12 Tracer un triangle rectangle

***Compétence* :** Tracer un triangle rectangle.

MATÉRIEL

Un crayon gris
Une règle
Une équerre

Date ....

Observe

Pour tracer un triangle rectangle, on trace d'abord un angle droit, puis on ferme le triangle en traçant son troisième côté avec une règle.

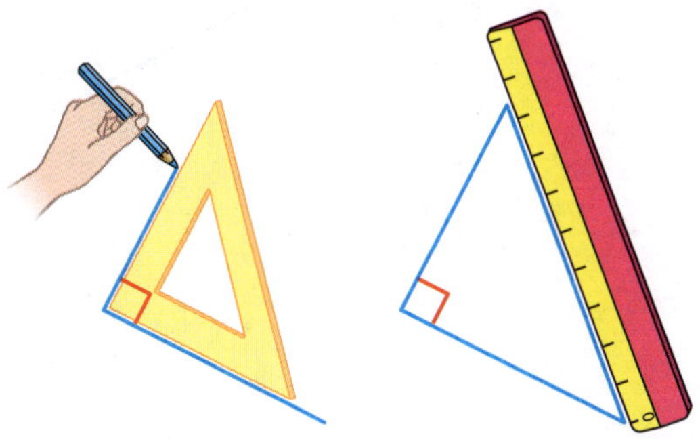

1 Le sommet et un côté de l'angle droit de ces triangles rectangles sont déjà tracés. **Termine** ces triangles.

2 Le sommet de l'angle droit de ce triangle rectangle est situé sur la ligne en pointillés. **Aide**-toi de ton équerre pour le placer, puis **termine** le triangle rectangle.

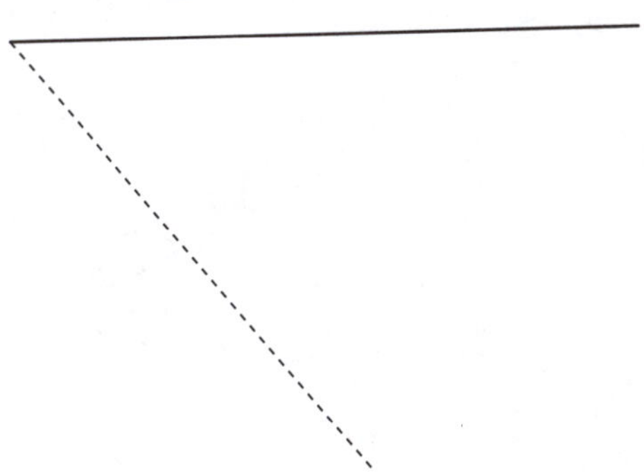

3 En traçant un seul segment, **partage** ce rectangle en deux triangles rectangles.

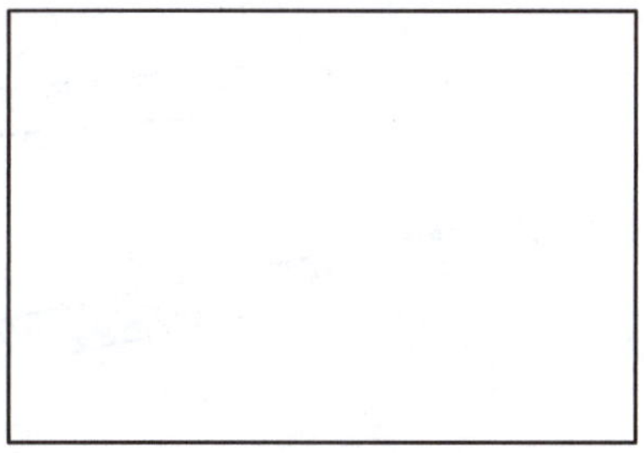

4 **Repasse** sur trois segments en pointillés de façon à faire apparaître un triangle rectangle.

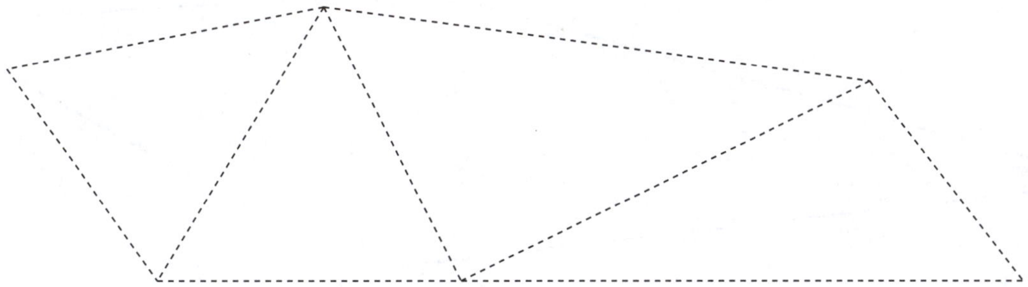

13 Comparer des longueurs

Compétence : Comparer et ranger des longueurs.

MATÉRIEL

Un crayon gris
Une bande de papier

Date ....

Observe

Pour comparer des longueurs, on utilise une bande de papier sur laquelle on marque des repères.

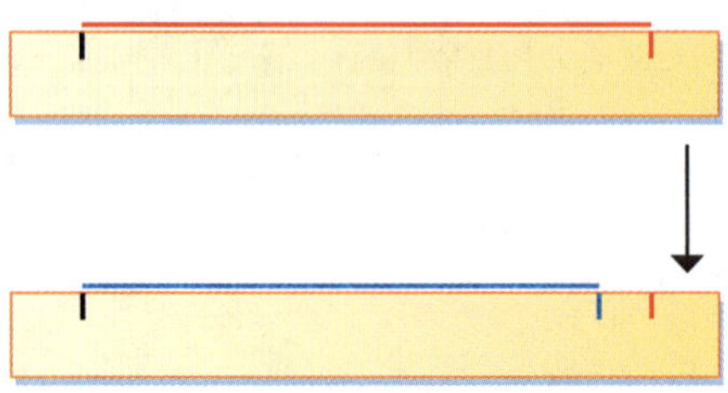

Le segment **bleu** est moins long que le segment **rouge**.

1 **Compare** la longueur des deux segments de chaque cadre. **Entoure** le plus long des deux.

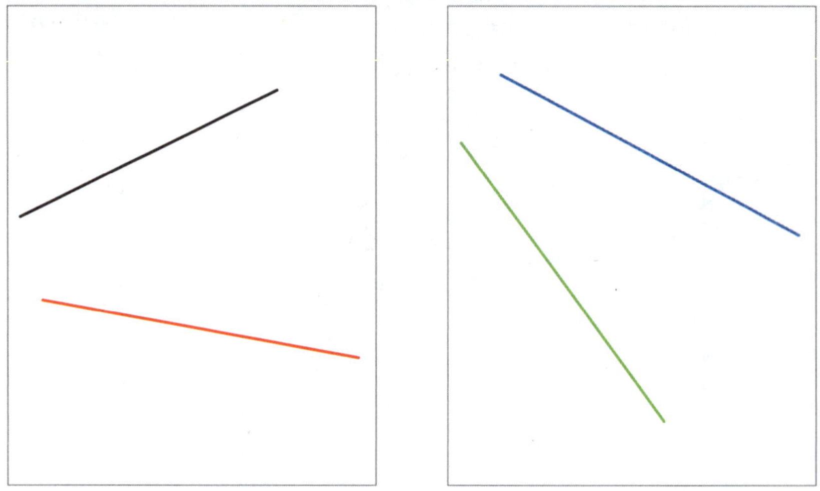

Utilise les bandes **page matériel A**.

2 **Compare** les longueurs de ces quatre bandes. **Numérote**-les de la plus longue (1) à la plus courte (4).

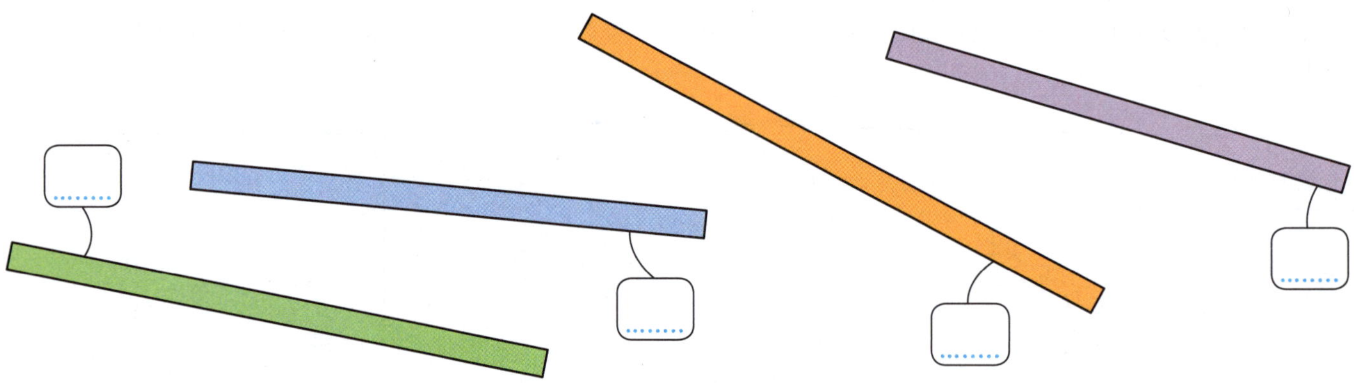

3 **Repasse** en **bleu** le plus long côté de ce quadrilatère.

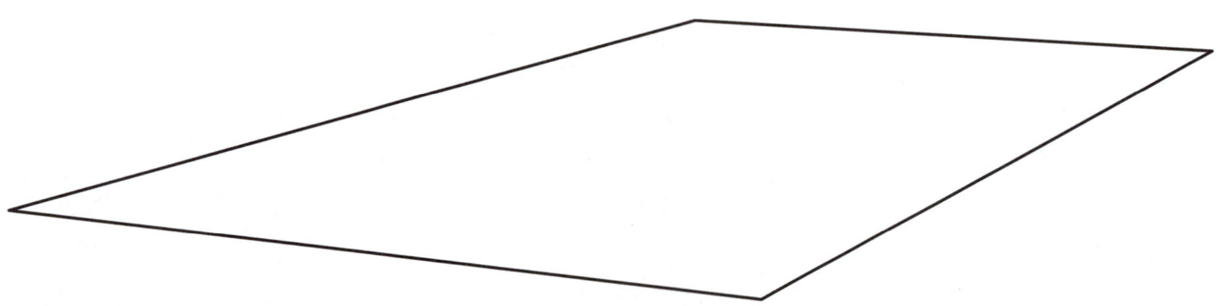

Matériel à découper

A

Fiche 8

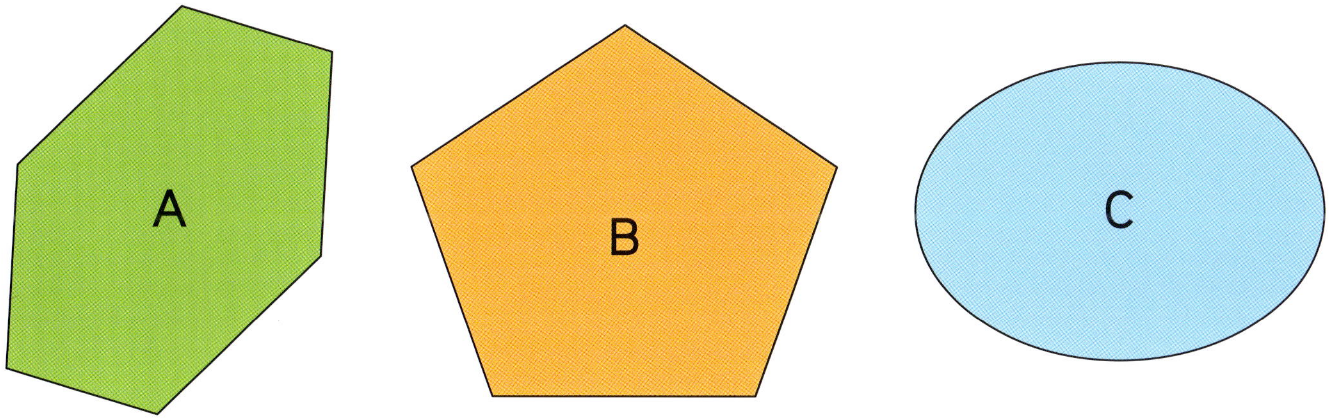

Fiche 9

Fiche 13

Matériel à découper

Fiche 25

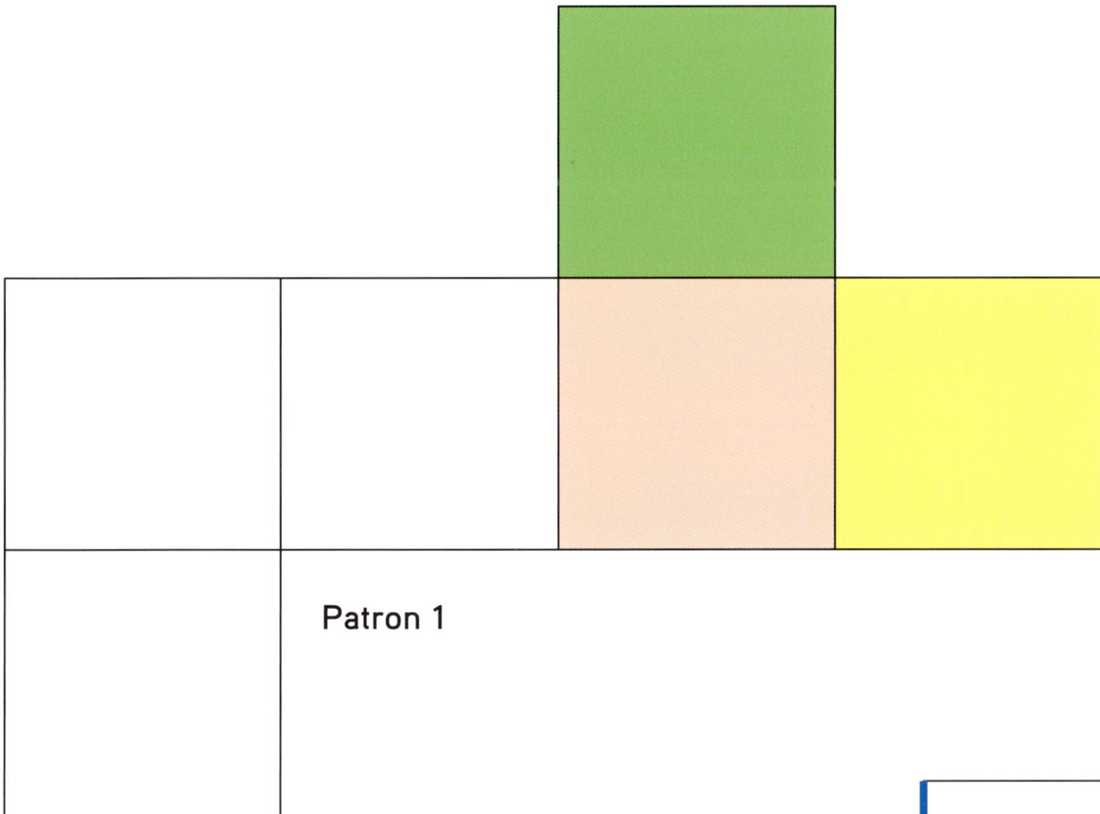

Patron 1

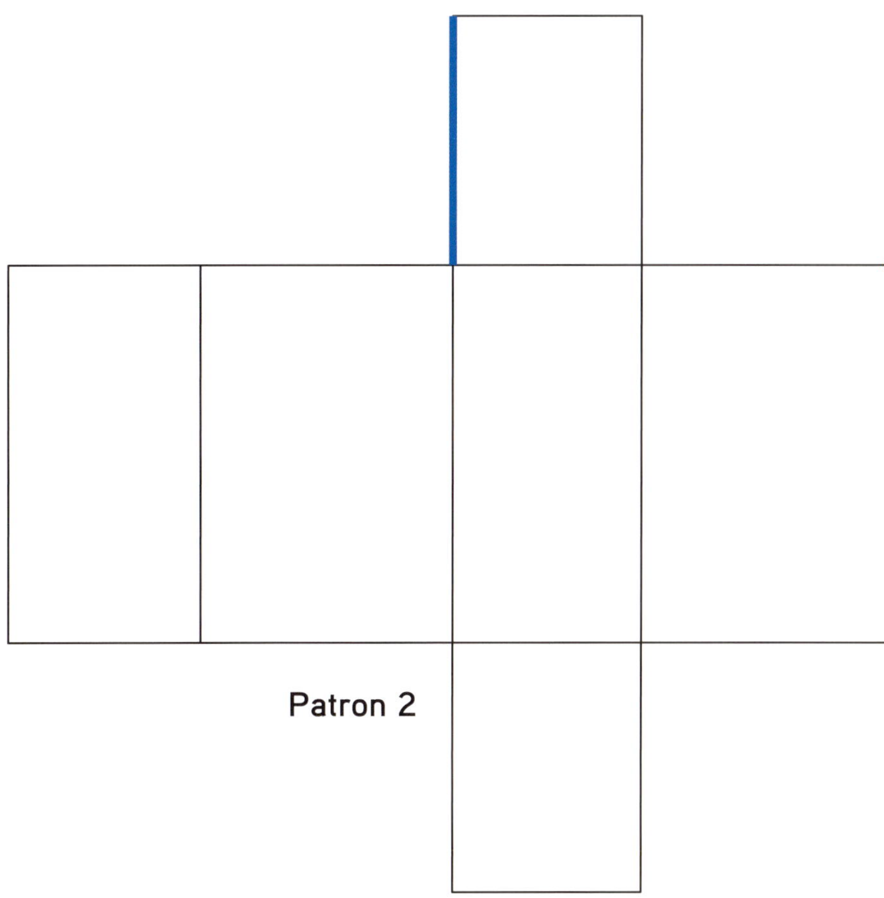

Patron 2

14 Mesurer la longueur d'un segment

Compétence : Mesurer la longueur d'un segment avec la règle graduée.

MATÉRIEL

Un crayon gris
Une règle graduée

Date ....

Observe

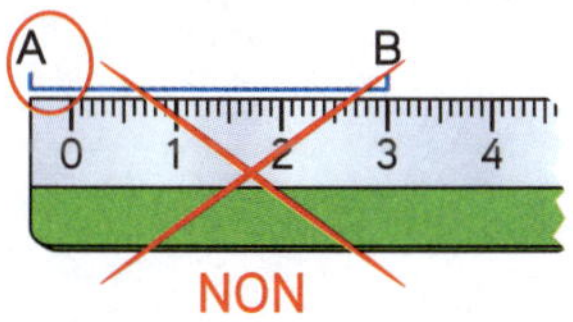

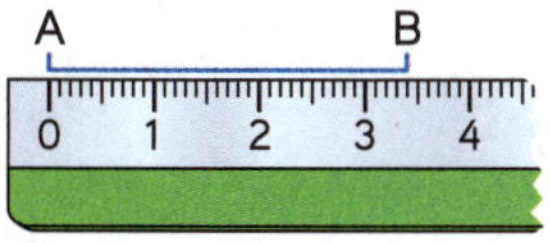

Longueur AB = 34 mm
34 mm = 3 cm 4 mm

1 Fatou et Malo mesurent la longueur du segment AB.

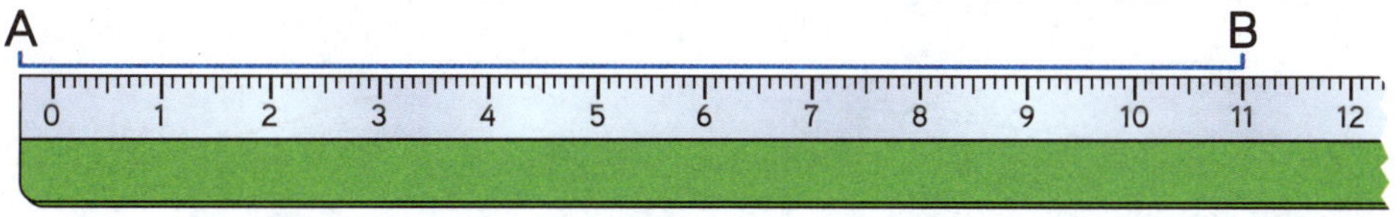

Fatou dit : « La longueur du segment AB est égale à 11 cm. »
Malo dit : « La longueur du segment AB est supérieure à 11 cm. »

- Qui a raison ? ....
- Justifie ta réponse. ....

....

2 **Mesure** la longueur de chaque segment.

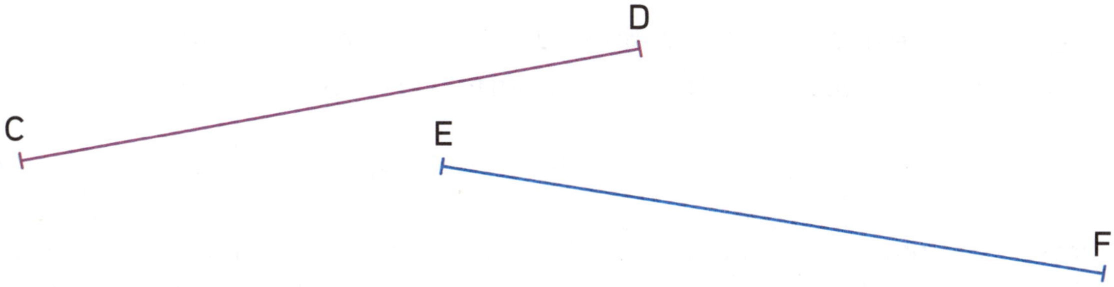

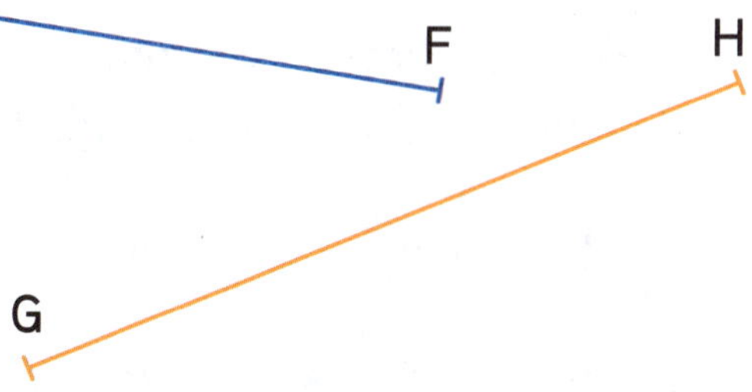

Longueur CD = ... mm = ... cm .... mm

Longueur EF = ... mm = ... cm .... mm

Longueur GH = ... mm = ... cm .... mm

3 Quelle est la longueur du segment IJ ?

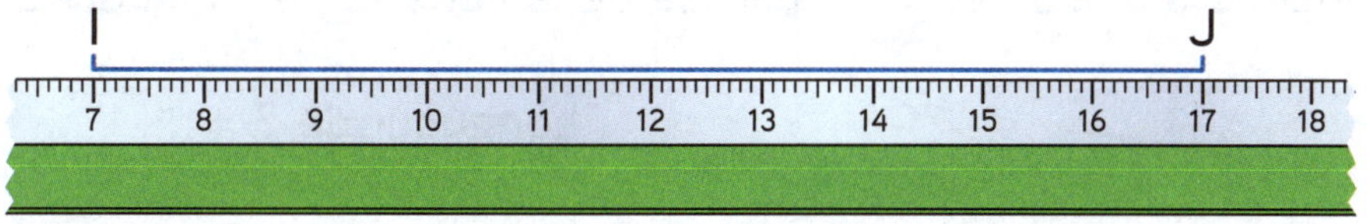

Longueur IJ = ... cm

15 Calculer et mesurer la somme de longueurs

Compétences **:** Construire une longueur somme. Calculer des sommes de longueurs.

MATÉRIEL

Un crayon gris
Une bande de papier
Une règle graduée

Date ....

Observe

Pour construire la somme de deux longueurs, on reporte avec une bande de papier les deux longueurs à la suite l'une de l'autre sur une même ligne droite.

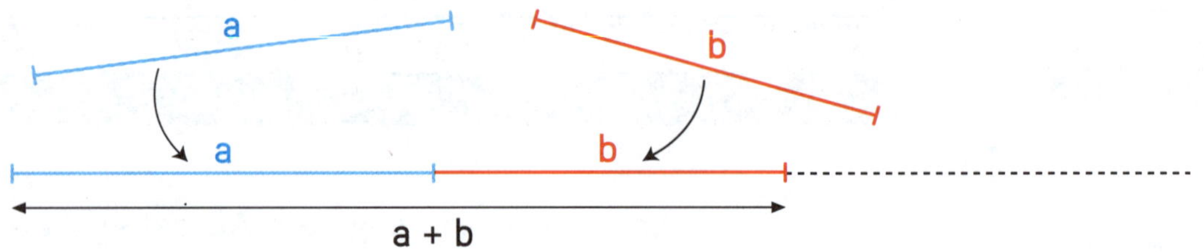

1 **Construis**, avec une bande de papier, un segment dont la longueur est la somme des longueurs des quatre segments formant la ligne brisée.

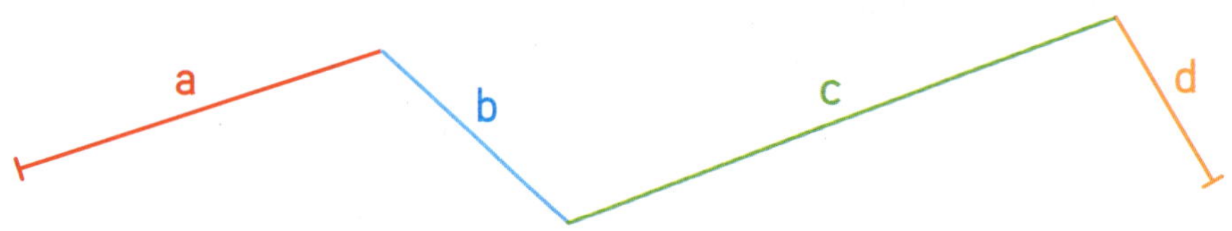

Mesure la longueur du segment que tu as construit : .... cm .... mm

Mesure, maintenant, la longueur de chacun des quatre segments :

a = ... cm .... mm = ... mm   **b** = ... cm .... mm = ... mm

c = ... cm .... mm = ... mm   **d** = ... cm .... mm = ... mm

Calcule la somme de ces quatre longueurs :

a + b + c + d = ... mm + ... mm + ... mm + ... mm = ... mm

a + b + c + d = ... cm .... mm

Que constates-tu ? ....

2 **Mesure** les longueurs des différentes parties de la ligne Z, puis **calcule** sa longueur.

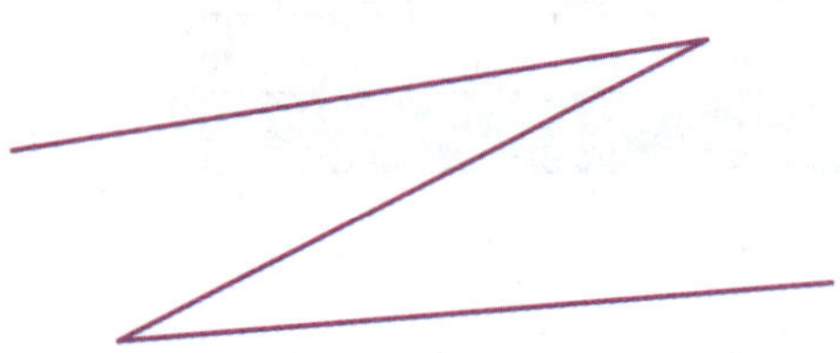

Longueur de Z = ...

....

....

16 Mesurer un périmètre

MATÉRIEL

Un crayon gris
Une bande de papier
Une règle graduée

Compétences : Construire un segment de même longueur que le périmètre d'un polygone et calculer ce périmètre.

Date ....

Observe

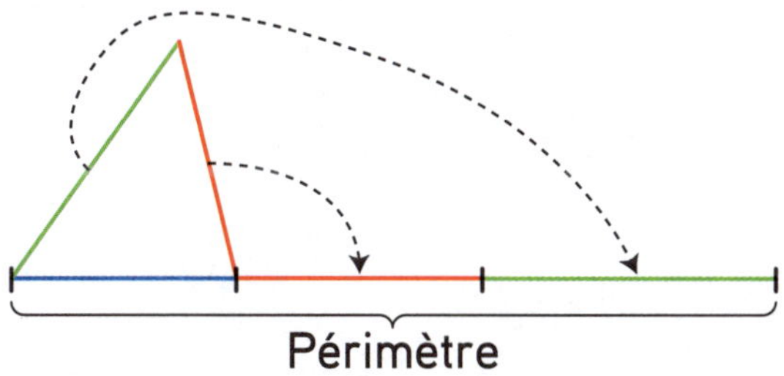

Le **périmètre** d'un polygone est la longueur de la somme des longueurs de tous ses côtés.

1

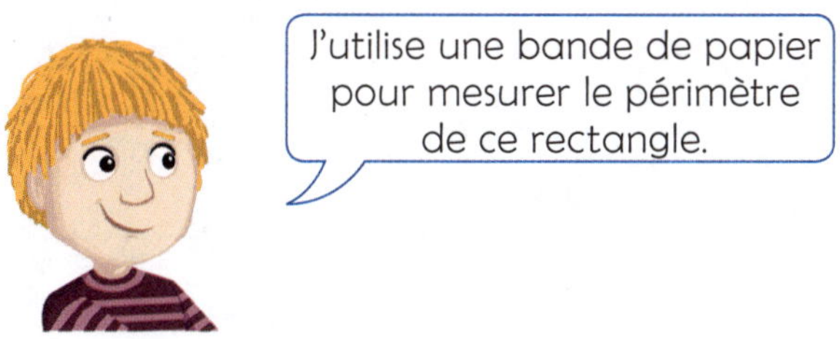

Aide Théo à reporter les longueurs des quatre côtés du rectangle pour obtenir un segment dont la longueur est égale au périmètre.

|---

Mesure la longueur du segment obtenu. Le périmètre du rectangle mesure ....

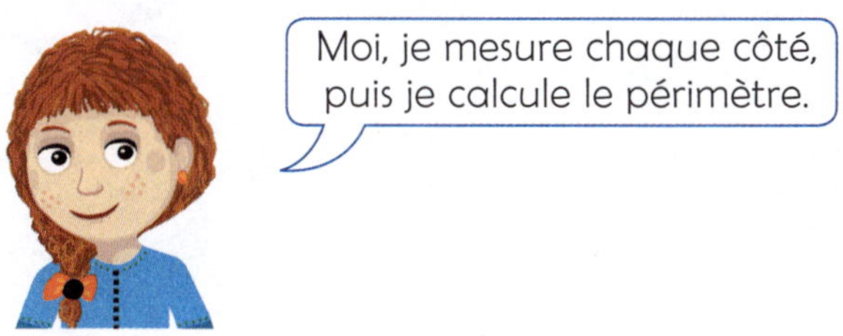

Mesure la largeur et la longueur du rectangle puis **calcule** son périmètre.

Périmètre du rectangle = ... cm + ... cm + ... cm + ... cm = ... cm.

Trouve-t-on le même résultat avec les méthodes de Théo et de Léa ? ☐ Oui ☐ Non

2 **Calcule** le périmètre de ce triangle.

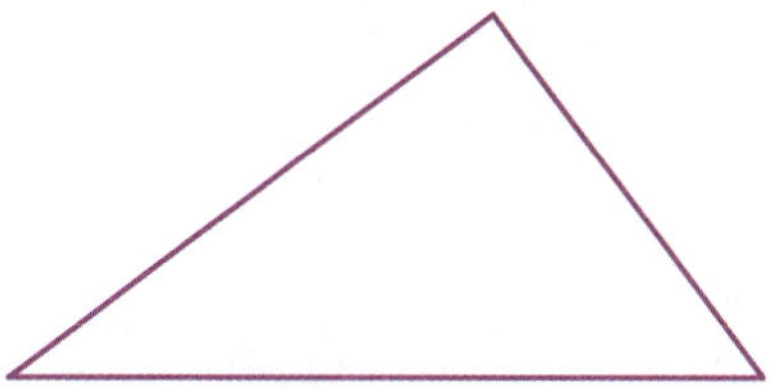

Périmètre du triangle = ... cm + ... cm + ... cm = ... cm.

17 Tracer un carré et un rectangle de périmètre donné

Compétence : Construire un carré ou un rectangle de périmètre donné.

MATÉRIEL

Un crayon gris
Une règle graduée

Date ....

1 **Calcule** le périmètre de ce carré de 3 cm de côté.

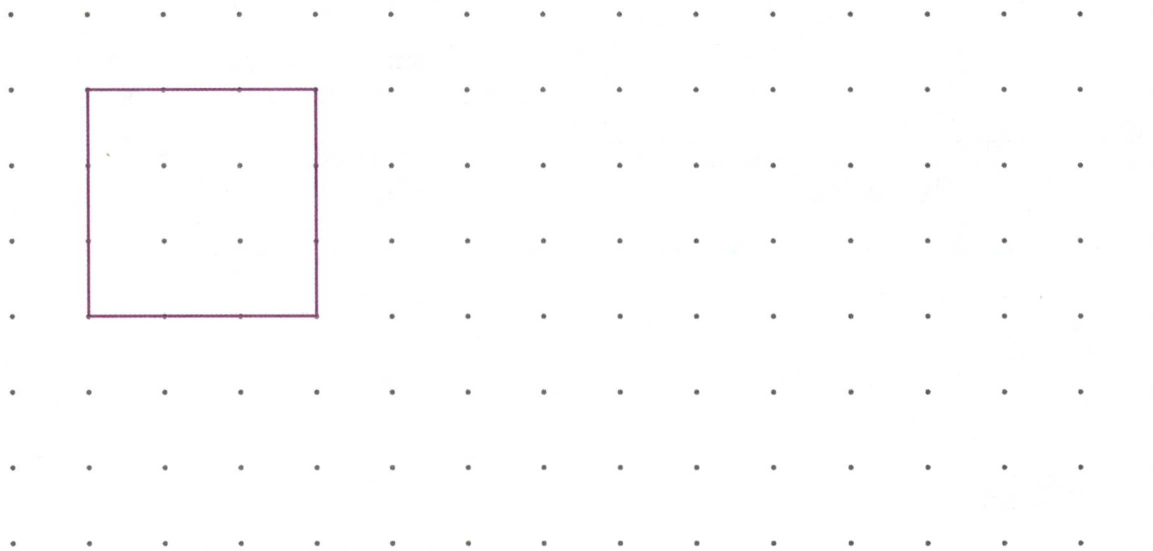

Périmètre du carré : ....

Construis un autre carré de 20 cm de périmètre.

2 **Calcule** le périmètre de ce rectangle.

Périmètre du rectangle : ....

Construis un rectangle différent de même périmètre.

18 Reconnaître un quadrilatère

Compétence : Reconnaître un carré, un rectangle.

MATÉRIEL
Un crayon gris
Une règle graduée ou une bande de papier
Une équerre

Date ....

Observe

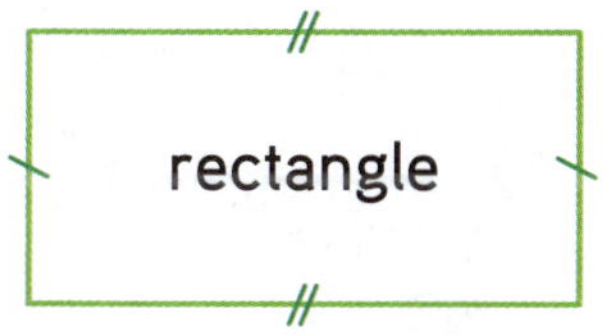

Quatre angles droits.
Côtés opposés de même longueur.

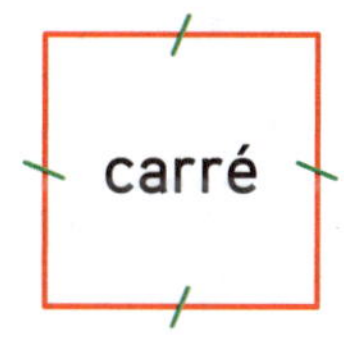

Quatre angles droits.
Quatre côtés de même longueur.

1 **Nomme** les figures de couleur cachées par les nuages.

La figure **bleue**

est un ....

La figure **jaune**

est un ....

La figure **verte**

est un ....

2 **Colorie** les losanges en **vert**, les rectangles en **jaune** et le carré en **bleu**.

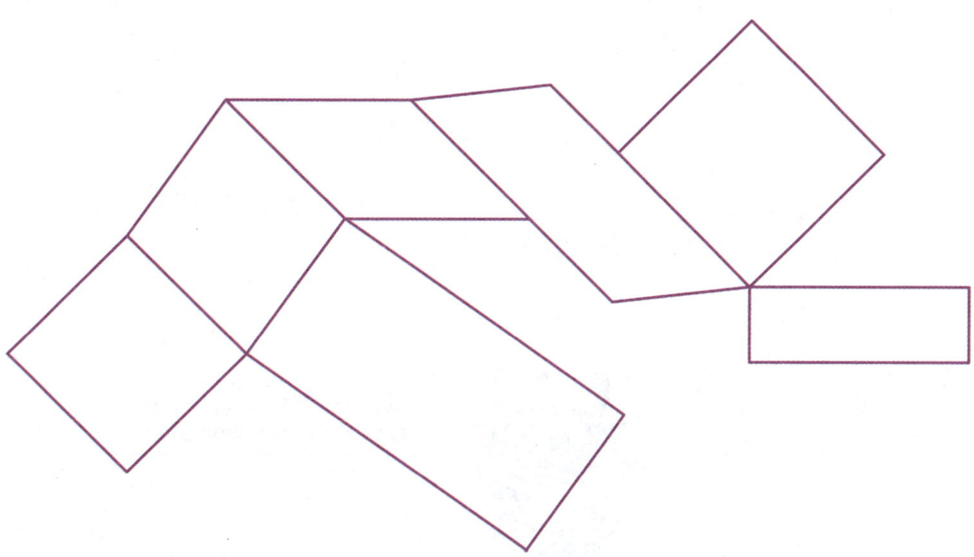

19 Compléter un quadrilatère

Compétence : Compléter un quadrilatère, des sommets étant donnés.

MATÉRIEL

Un crayon gris
Une règle
Une équerre
Un compas

Date ....

Observe

Comment tracer un rectangle, 3 sommets étant donnés ?

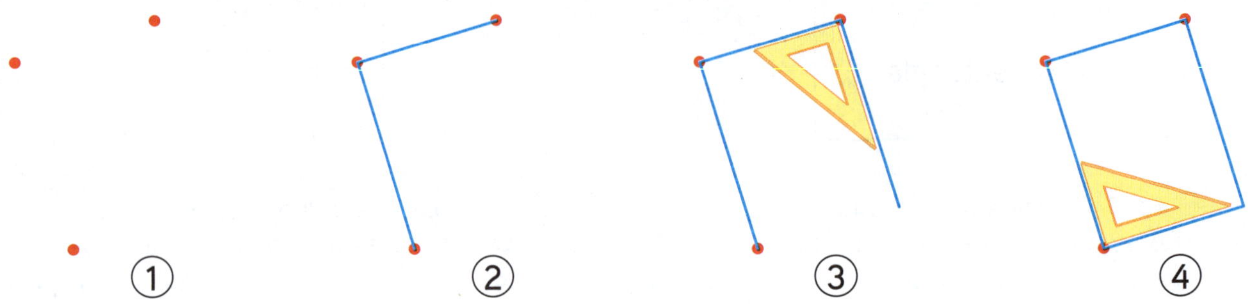

1 **Trace** un rectangle, 3 sommets sont donnés.

2 **Trace** un carré, 2 sommets sont donnés.

3 **Joins** les points pour tracer un carré et un rectangle.

20 Compléter un rectangle sur papier uni

Compétence : Terminer le tracé d'un rectangle sur papier uni.

MATÉRIEL

Un crayon gris
Une règle graduée
Une équerre

Date ....

Observe

Utiliser l'équerre pour tracer un rectangle.

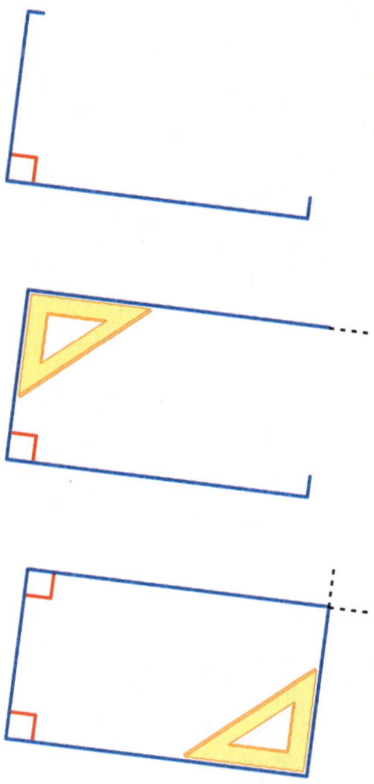

1 **Termine** le rectangle.

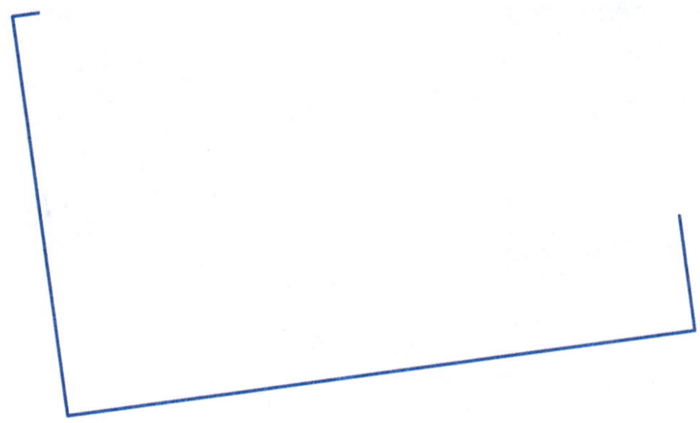

2 **Trace** un rectangle de 4 cm de largeur et de 7 cm de longueur.

3 **Complète** ce rectangle. Sa longueur est déjà tracée. Sa largeur mesure 3 cm.

21 Compléter un carré sur papier uni

Compétence : Terminer le tracé d'un carré sur papier uni.

MATÉRIEL

Un crayon gris
Une règle graduée
Une équerre

Date ....

Observe

Carré

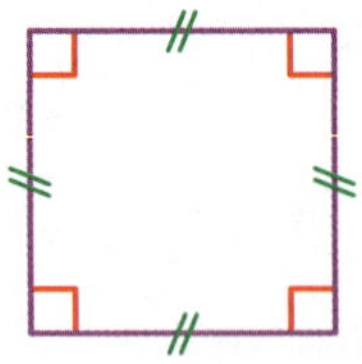

4 côtés de même longueur
4 angles droits

1 **Complète** ce carré.

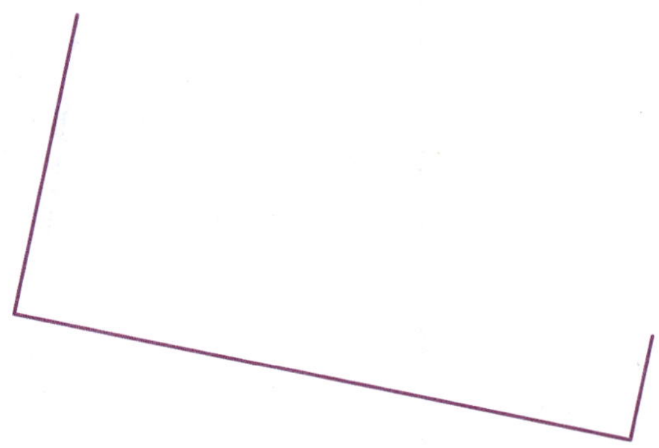

2 **Complète** la figure de gauche d'après le modèle. Le côté du grand carré mesure 8 cm.

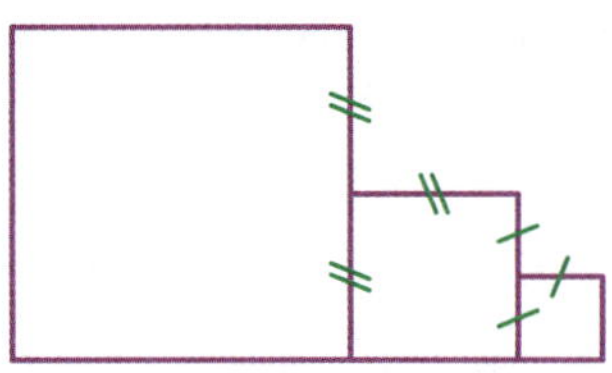

22 Reproduire un carré, un rectangle

Compétence : Reproduire sur papier uni, un carré, un rectangle à partir d'un modèle.

MATÉRIEL
Un crayon gris
Une règle graduée ou une bande de papier
Une équerre

Date ....

1 **Reproduis** ce carré. Un côté est déjà tracé.
Marque les angles droits.

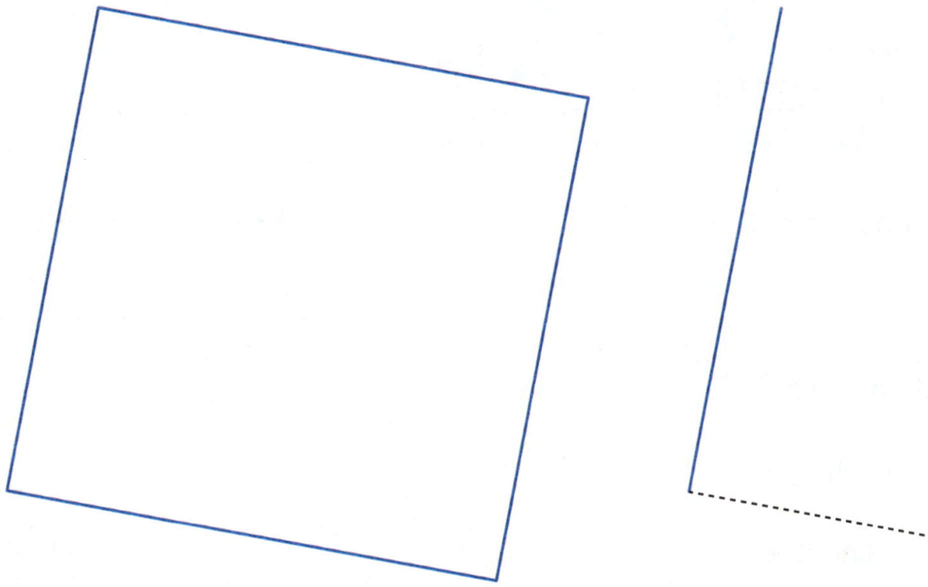

2 **Reproduis** ce rectangle. Un côté est déjà tracé.
Marque les angles droits.

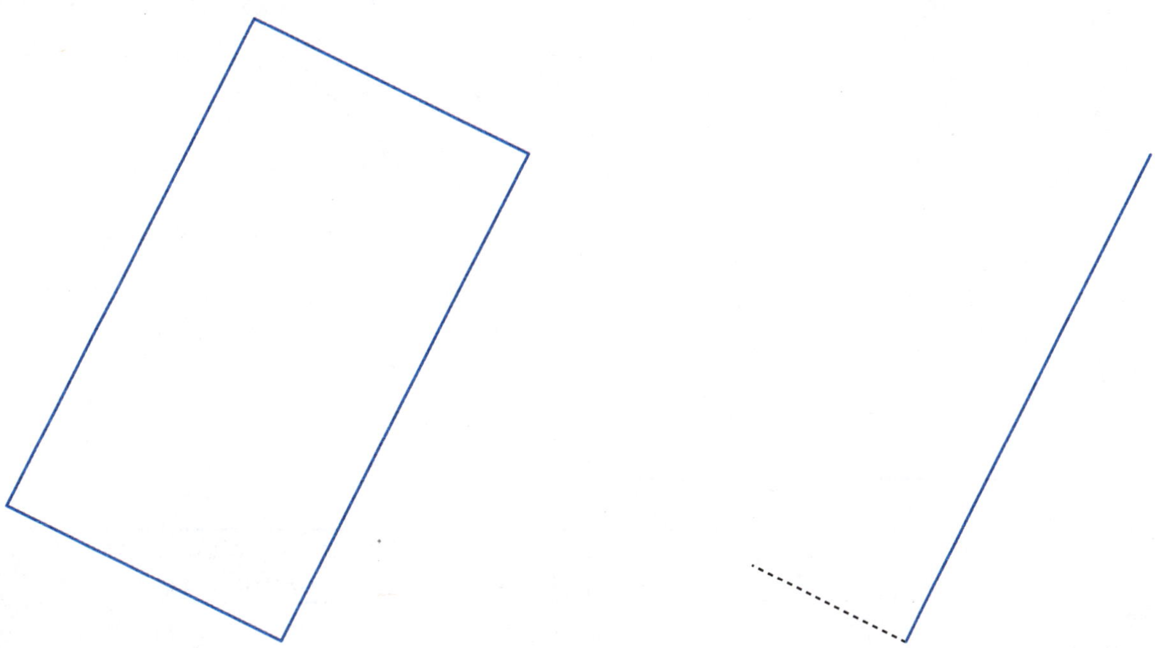

23 Décrire un cube ou un pavé droit (1)

Compétence : Utiliser en situation le vocabulaire : face, arête, sommet.

MATÉRIEL

Un crayon gris
Une règle

Date ....

Observe

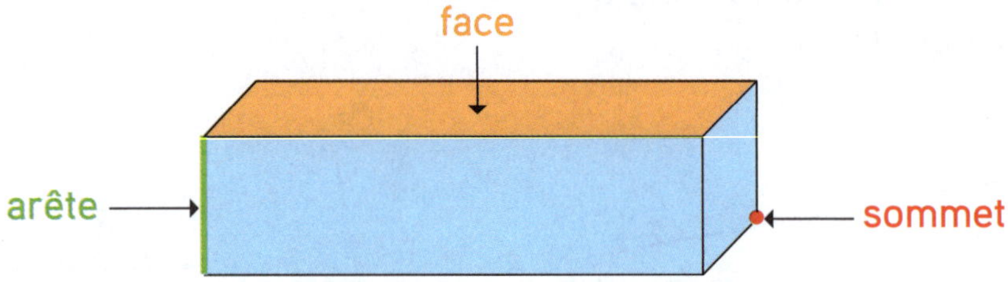

1 **Observe** cette boîte en forme de cube.

- Combien vois-tu de faces ? ....
- Combien de faces sont cachées ? ....
- Combien d'arêtes sont visibles ? ....
- Combien d'arêtes sont cachées ? ....

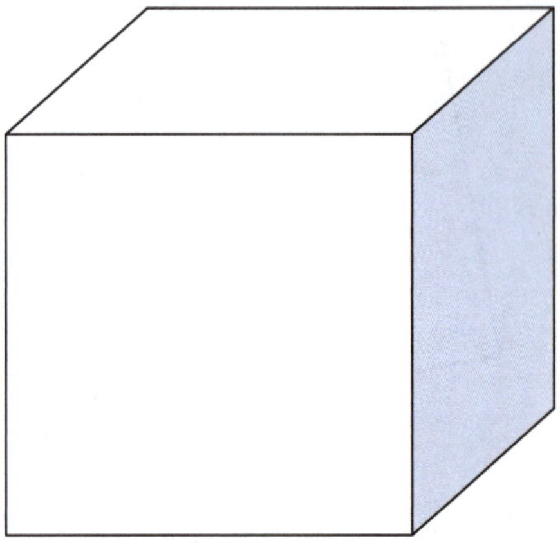

2 Voici les 8 sommets d'un aquarium transparent en forme de pavé droit. **Termine** l'aquarium en traçant les arêtes qui manquent.

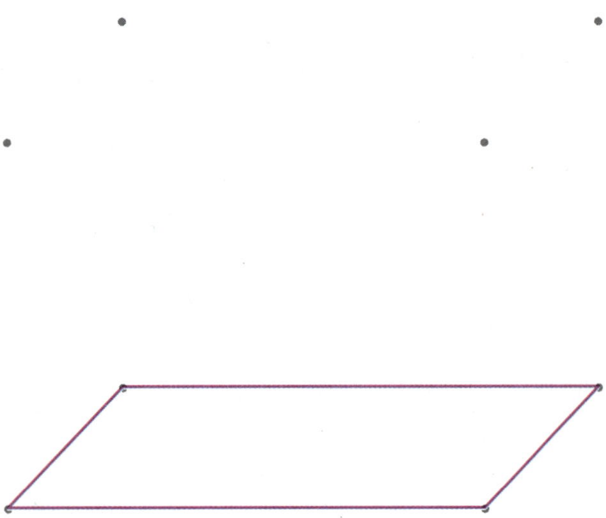

3 Voici les 8 sommets d'une boîte en forme de cube, comme celle de l'exercice **1**. **Termine** la boîte en traçant les arêtes visibles.

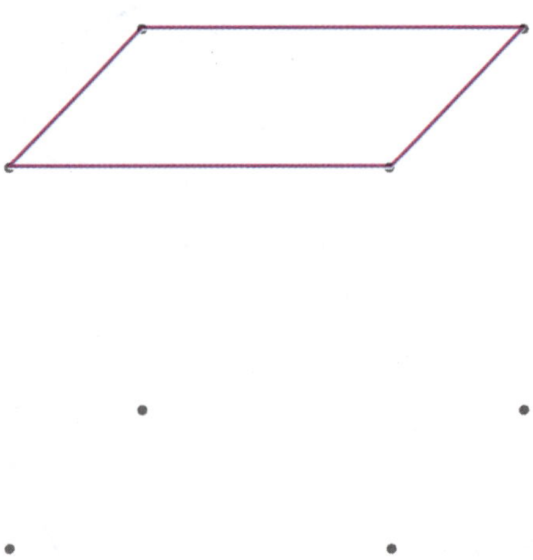

Attention, il y a un sommet que tu n'utilises pas.

24 Décrire un cube ou un pavé droit (2)

Compétence : Associer les empreintes d'un pavé droit ou d'un cube à la forme de ses faces.

MATÉRIEL

Un crayon gris
Une règle graduée
Une équerre
Des crayons de couleur

Date ....

1 **Entoure** l'empreinte laissée par ce cube sur la feuille.

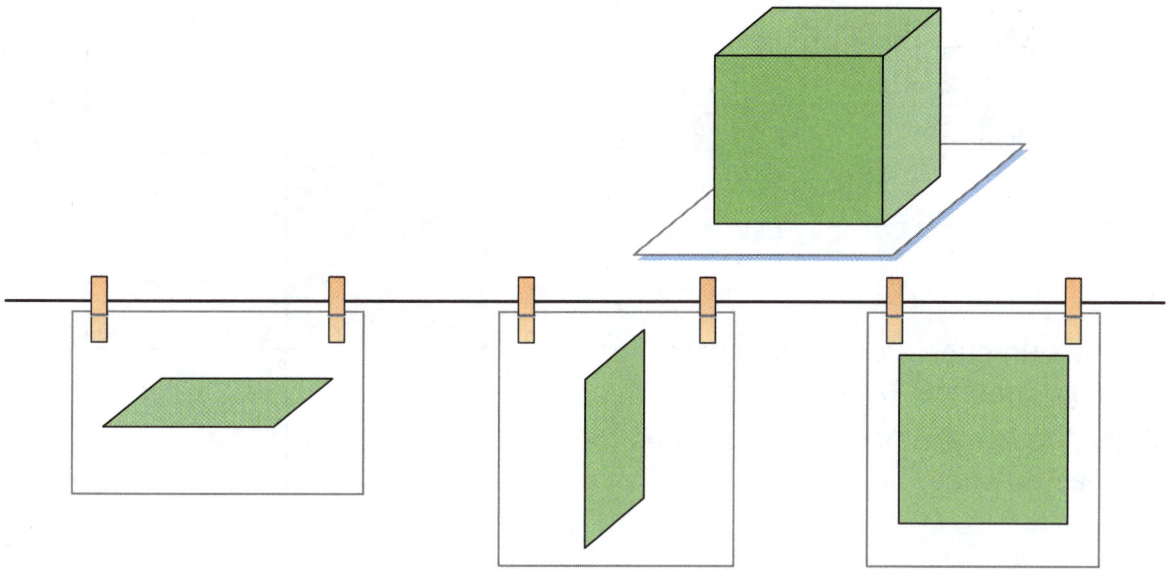

2 **Dessine** l'empreinte que ce pavé va laisser sur le quadrillage.

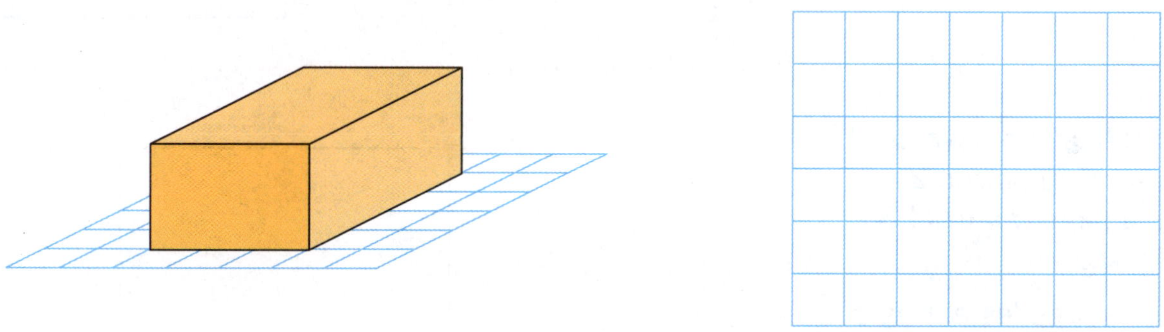

3 Voici les trois empreintes laissées par les faces du pavé droit. **Colorie** chaque empreinte de la couleur de la face qui lui correspond.

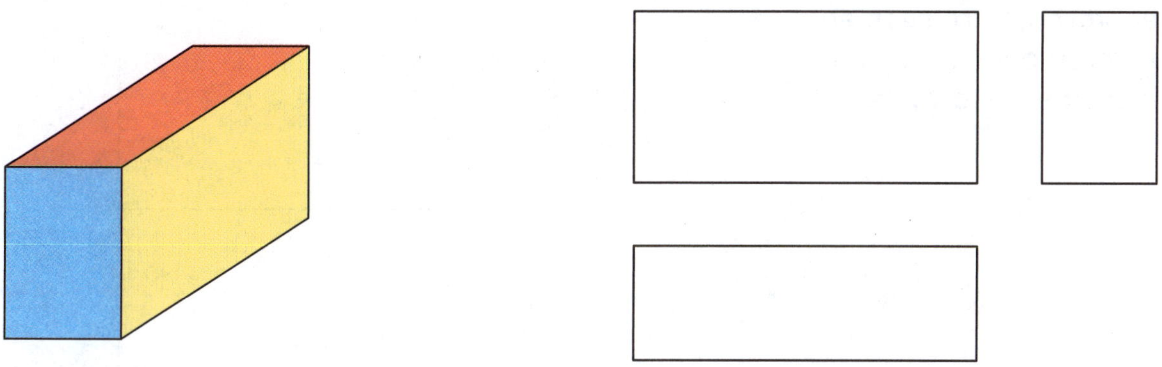

25 Construire un cube et un pavé droit

Compétence : Fabriquer un cube et un pavé droit à partir d'un patron fourni.

MATÉRIEL

Des crayons de couleur

Date ....

Observe

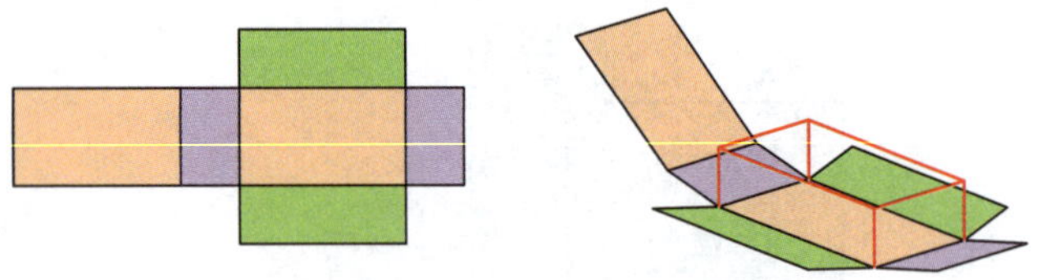

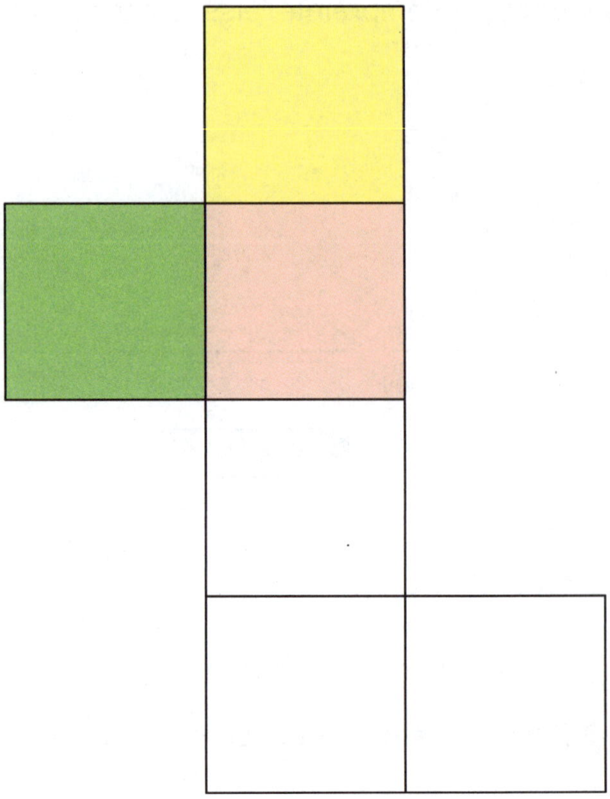

1 **Construis** un cube à partir du patron 1 de la **page matériel B**.

Colorie, de la même couleur, les faces opposées du cube.

2 **Construis** un pavé droit à partir du patron 2 de la **page matériel B**.

Colorie :

– en **rouge** les autres points du patron qui correspondent à ce même sommet **rouge** ;

– en **bleu** l'autre segment du patron qui correspond à la même arête **bleue** ;

– en **vert** l'autre segment du patron qui correspond à la même arête **verte**.

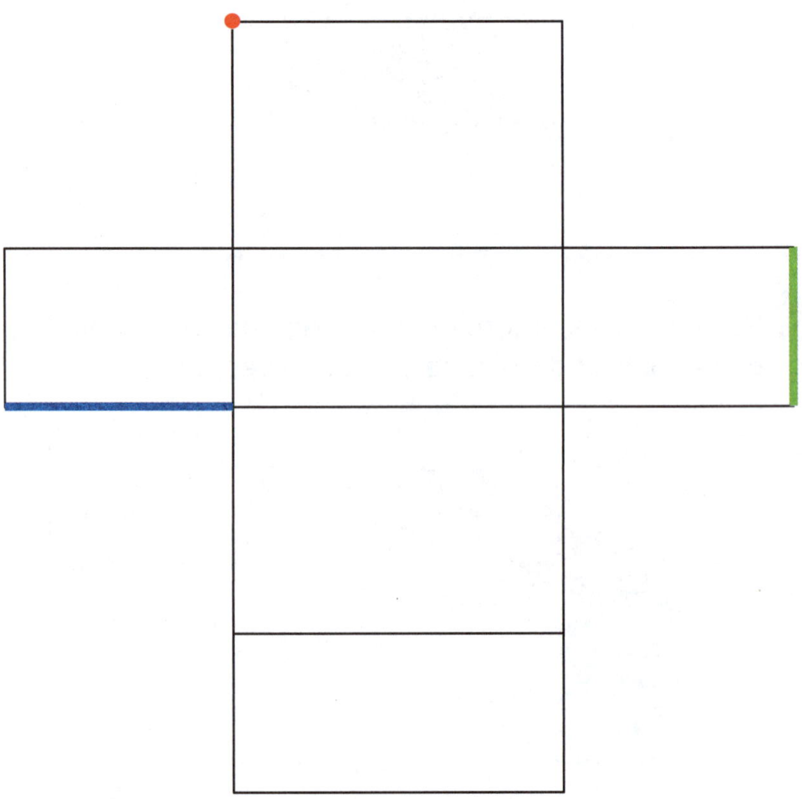

26 Assembler des cubes

Compétence : Utiliser les propriétés du cube pour reconnaître et décrire des assemblages de cubes.

MATÉRIEL

Des crayons de couleur

Date ....

1 **Entoure** de la même couleur les mêmes assemblages de cubes.

2 **Colorie** les empreintes que cet assemblage de cubes peut laisser sur la pâte à modeler.

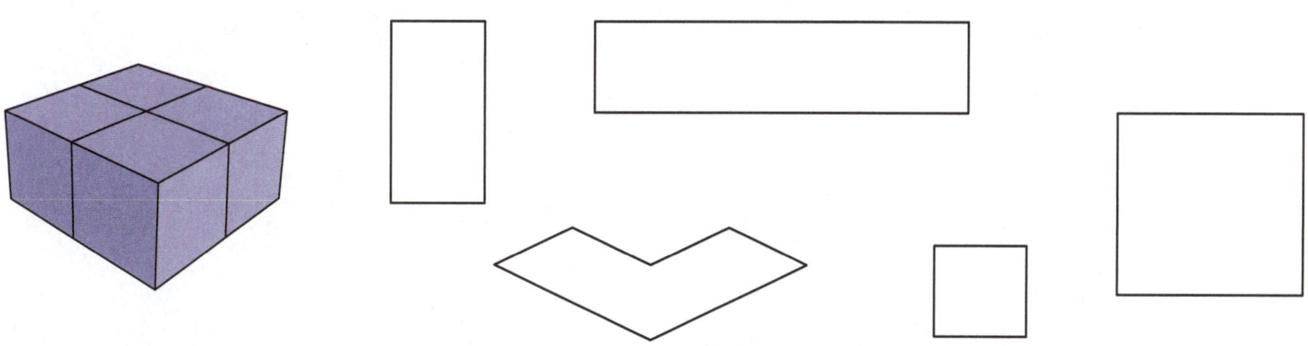

27 Tracer des cercles

Compétence : Tracer un cercle de centre donné, passant par un point donné.

MATÉRIEL

Un compas
Des crayons de couleur

Date ....

Observe

La pointe du compas est placée sur le centre du cercle et le crayon sur le point A.

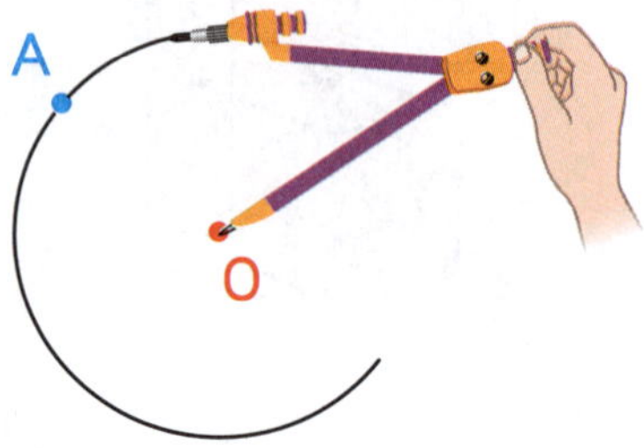

1 **Trace** le cercle de **centre O** qui passe par le point A.
Trace le cercle de **centre O** qui passe par le point B.
Trace le cercle de **centre O** qui passe par le point C.

A •

O

• C

B

2 **Trace** trois cercles de centre A, B et C. Les cercles de centre A et C ont le même rayon : 3 cm. Le cercle de centre B a un rayon de 4 cm.

A

B C

28 Reproduire une figure comportant des cercles

Compétence : Reproduire une figure comportant des cercles.

MATÉRIEL

Un compas
Des crayons de couleur

Date ....

1 **Complète** la figure de droite d'après le modèle, puis **colorie**-la.

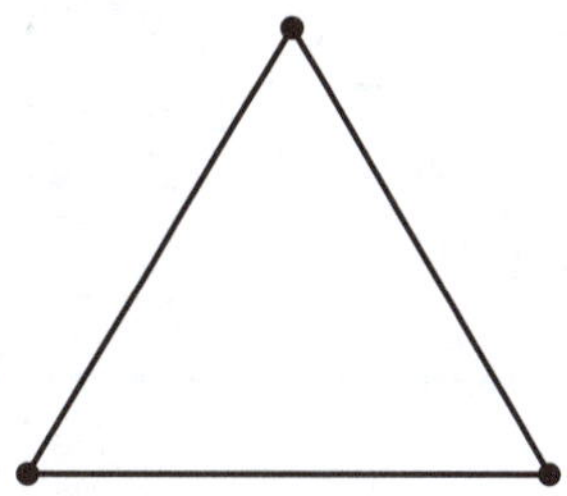

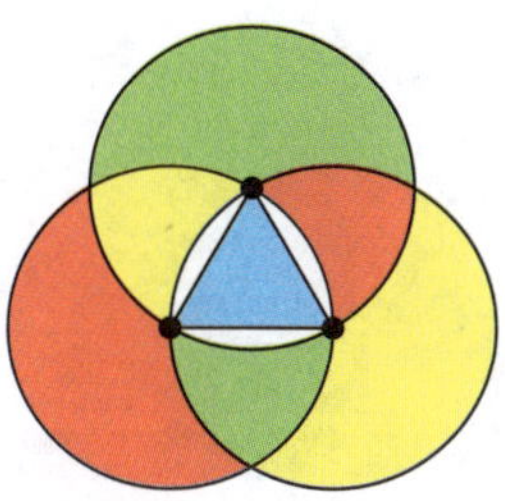

2 **Complète** la figure de droite d'après le modèle, puis **colorie**-la.

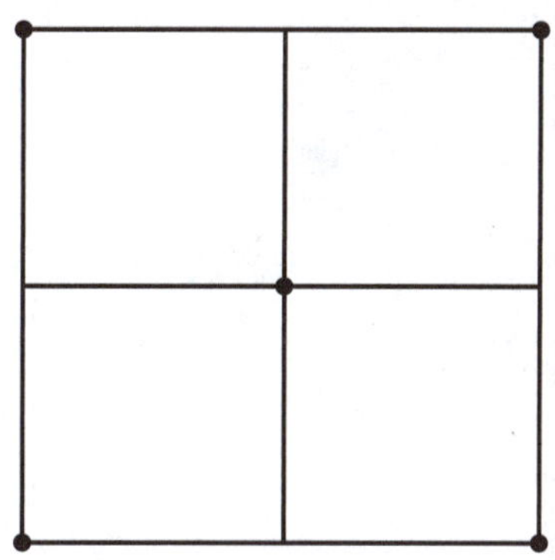

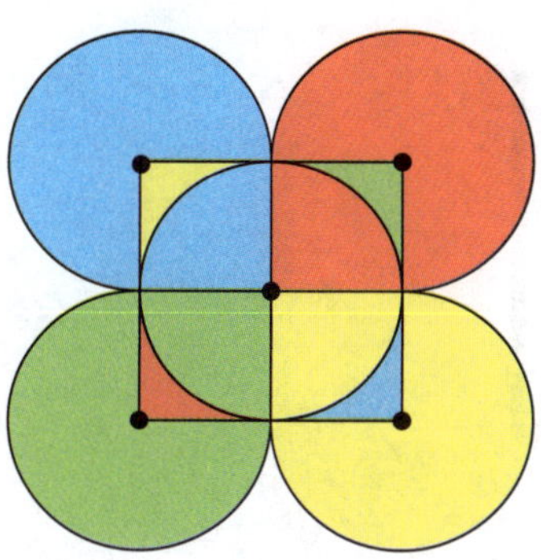

29 Décoder un déplacement

Compétence : Décoder un déplacement sur les lignes d'un quadrillage.

MATÉRIEL

Un crayon rouge
Un crayon bleu
Un crayon vert

Date ....

Observe

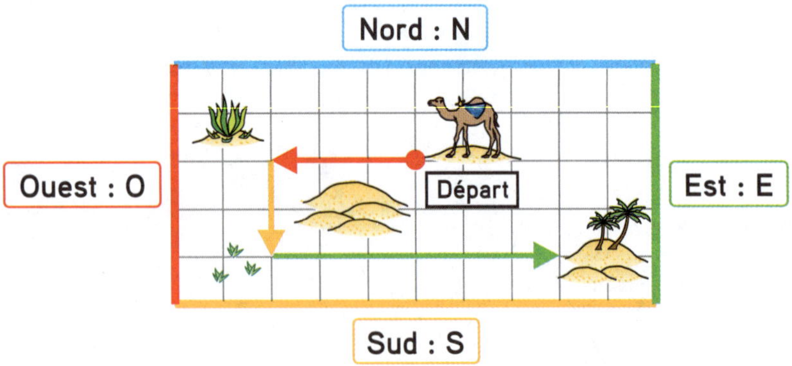

Codage du chemin du dromadaire :

O3, S2, E6

1 • Théo part du point **rouge**. **Trace** son chemin. **Entoure** en **rouge** l'endroit où il arrive.
• Léa part du point **bleu**. **Trace** son chemin. **Entoure** en **bleu** l'endroit où elle arrive.

S2, E6, S3, O3, S2, O2, N3

• **Entoure** en **vert** l'endroit où ces deux amis se sont rencontrés.

N7, O4, S3, O3, S5, E5, N2

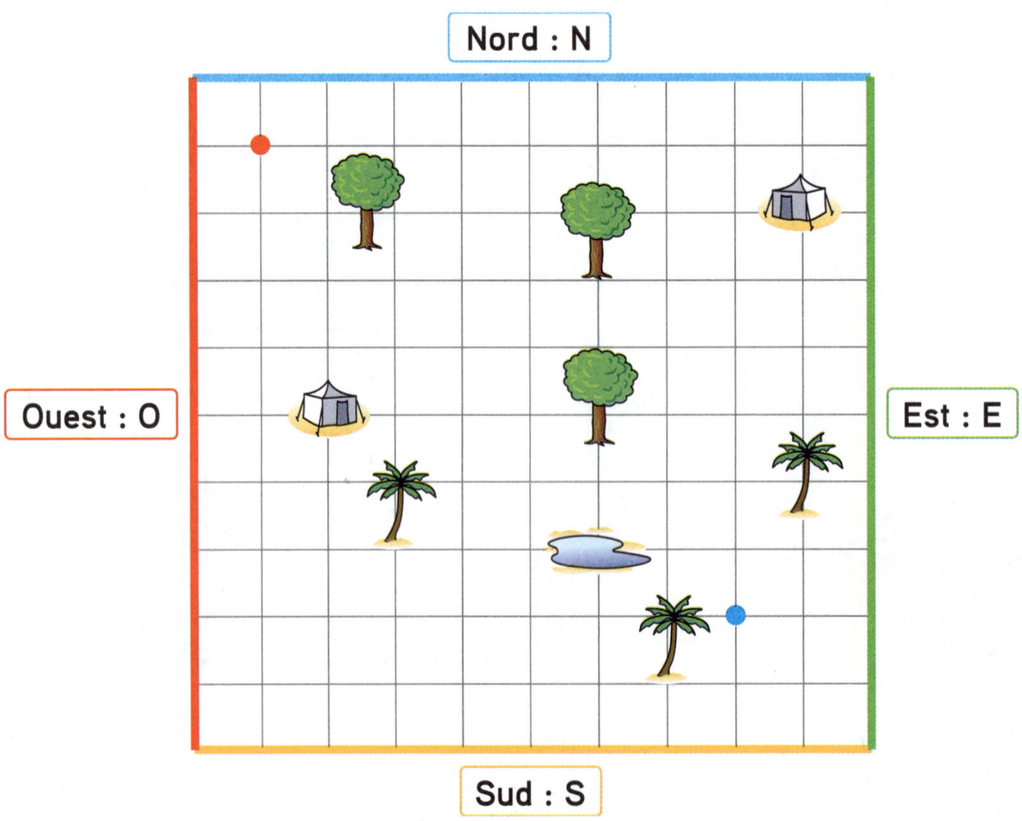